MW00736520

Las oligarquías reinantes

Discurso sobre el doble discurso

Alberto Benegas Lynch (h)

Las oligarquías reinantes

Discurso sobre el doble discurso

PROLOGO DE JEAN-FRANÇOIS REVEL
DE LA ACADEMIA FRANCESA

EDITORIAL ATLANTIDA
BUENOS AIRES • MEXICO • SANTIAGO DE CHILE

Diseño de tapa y
adaptación de interior: Cristina Cordal

Nota del Editor: Los conceptos y expresiones contenidos en este libro son de la exclusiva responsabilidad del autor. El texto original ha sido respetado íntegramente.

Primera edición publicada por
EDITORIAL ATLANTIDA S.A., Azopardo 579, Buenos Aires, Argentina.
Hecho el depósito que marca la Ley 11.723.
Libro de edición argentina.
Impreso en Argentina. Printed in Argentina.
Esta edición se terminó de imprimir en el mes de septiembre de 1999
en los talleres gráficos Indugraf S.A., Buenos Aires, Argentina.

I.S.B.N. 950-08-2250-4

A mi padre que me mostró los caminos y a mi mujer que me acompaña a transitarlos.

Podría citar mil ejemplos modernos y demostrar que muchos tratados de paz, muchas promesas han sido nulas e inútiles por la infidelidad de los Príncipes, de los cuales, el que más ha salido ganando es el que ha logrado imitar mejor a la zorra. Pero es menester representar bien este papel; hace falta gran industria para fingir y disimular, porque los hombres son tan sencillos y tan acostumbrados están a obedecer a las circunstancias, que el que quiera engañar siempre hallará a quien hacerlo.

N. Machiavelli
***El Príncipe*, 1513**

Siempre está en interés del comerciante ampliar su mercado y reducir la competencia. La ampliación del mercado es frecuentemente del agrado del público, pero reducir la competencia es contrario a sus intereses y sólo sirve para que los comerciantes aumenten sus ganancias sobre lo que naturalmente hubieran sido y así imponer, para su propio beneficio, un impuesto absurdo sobre el resto de sus compatriotas.

A. Smith
***La riqueza de las naciones*, 1776**

El privilegio, incluso si debe costar 100 a la masa y no producir más que 50 a los privilegiados, perdiéndose el resto en falsos costes, será en general bien aceptado, puesto que la masa no comprende que está siendo despojada, mientras que los privilegiados se dan perfecta cuenta de las ventajas de las que gozan.

V. Pareto
***Tratado de sociología general*, 1916**

ÍNDICE

PRÓLOGO

La obra que vamos a leer se despliega en un plano triple. En primer término, la descripción de la creciente confiscación que realiza el poder y, paradójicamente, en nombre de la democracia, por profesionales de la política. Es luego la puesta en evidencia del lenguaje engañoso o "doble discurso", inventado por una minoría dominante para disimular su malversación del poder en beneficio propio y para hacer creer que es fiel a su misión teórica de representación de los ciudadanos. Es, por último, un libro que satiriza cuyo brío literario llenará de gozo al lector.

A propósito de este aspecto satírico nos resultará muy amena la lectura, por ejemplo, del capítulo titulado "El desparpajo de los antievasores" donde el autor comenta la conferencia de prensa de un ministro corrupto que hace el elogio de la virtud fiscal, o más aún el capítulo "Sacerdote disfrazado de economista" que señala la pretensión de ciertos obispos incompetentes en economía que se hacen pasar por especialistas o, más bien, profetas infalibles de las ciencias económicas y sociales. La triste verdad es que, en gran medida, el clero ha seguido siempre la moda dominante en política. Después de haber justificado y teorizado sobre la monarquía absoluta o el colonialismo, no pocos han cambiado con el viento para adherir a la teología de la liberación o a lo que en Italia se denomina el "cato-comunismo", todo con un fondo de indigencia intelectual absolutamente consternante.

André Breton me dijo en una oportunidad que todo gran ensayo es necesariamente una obra polémica. Ése es el caso del libro de Alberto Benegas Lynch (h). En efecto, un ensayista original no puede demostrar aquello que se propone sino refutando un cierto número de errores. Porque el hombre en general, y el hombre político en particular, es en estado bruto una fábrica constante de errores, fábrica a veces voluntaria y a veces inconsciente. Buscar la verdad, para los raros maniáticos de la verdad que aún subsisten, es pues refutar aquello que obstaculiza su visión o aquello que pretende reemplazarla. Esto hace que inevitablemente se adopte un estilo de confrontación. Buen número de diálogos socráticos tenían por subtítulo: género refutativo.

Consideremos el error según el cual en el mundo actual habría operado y continuaría operando una gigantesca liberalización de la economía. Benegas Lynch lo muestra bien al sostener que detrás de este discurso de superficie se esconde otra realidad totalmente distinta. Él escribe que "En nombre de la privatización, se transfirieron monopolios estatales a monopolios privados otorgándose mercados cautivos a un grupo de pseudoempresarios para que usen el botín como les venga en gana. En nombre de una así llamada reforma del estado, se incrementó el gasto público y, consecuentemente, se elevaron los impuestos y el endeudamiento estatal".

Más todavía: esta imbricación de poder económico y de poder político es la principal fuente de corrupción en el mundo. Es por eso que la separación de la economía y el Estado es incluso más indispensable todavía que la separación de la Iglesia y el Estado. Lo privado sin el mercado es tan catastrófico como la economía socialista o las sociedades nacionalistas. Así, dentro del dominio del doble mensaje, una de las mentiras más nefastas de los años recientes consiste en presentar a nuestro mundo encaminándose cada vez más hacia el liberalismo que, por añadidura, aparece siempre disfrazado —como observa Benegas Lynch— de un prefijo despreciativo: *neo*liberalismo y *ultra*liberalismo. Ahora bien, nuestro mundo está todavía muy lejos de ser liberal.

Veamos el caso europeo. De izquierda o de derecha los adversarios de la Unión europea, en el interior de la Europa misma, oponen una "Europa socialista" con una economía controlada y redistribucionista a una peculiar "Europa neoliberal". Pero jamás la parte de la economía dirigida directa o indirectamente por los Estados y sustraída al mercado ha sido tan amplia como hoy dentro de los quince países de la Unión. El promedio de esta intervención estatal ha pasado del 15,4% del producto nacional en 1920 a 27,9% en 1960 y a 45,9% en 1996. En Francia asciende actualmente al 54,5% del producto nacional.* Se ha incrementado nada menos que diez puntos en quince años. Empero, en el curso de estos mismos quince años la izquierda francesa no ha cesado de deplorar el avance del "liberalismo salvaje" que, según ella, ¡asola al país!

Una de las farsas más jocosas del año 1998 ha sido la imputación de la crisis asiática y del fracaso ruso a los "excesos del mercado". Ahora bien, ¿es una economía de mercado la economía rusa donde todos los conglomerados de la era soviética continúan en manos de la antigua *nomenklatura* siempre en el poder y donde el dinero prestado al gobierno por la banca mundial, el Fondo Monetario Internacional y los bancos privados (principalmente alemanes) se encuentra depositado en sus tres cuartas partes en bancos privados de Suiza? Proudhon decía: "La propiedad es el robo". La experiencia histórica obliga a decir más bien: "El Estado es el robo".

---

* *The Economist*, septiembre 20 de 1997.

Benegas Lynch nos recuerda una verdad fundamental: no existe economía liberal sin el predominio de la ley. No hay verdadero mercado sin estado de derecho. La economía rusa en lo que se conoce como el post-comunismo no es una economía de mercado, es una economía de mafias salida directamente de las entrañas del comunismo. Sin embargo, George Soros acusa al mercado de haber provocado la bancarrota rusa, lo cual subraya que se puede ser a la vez un brillante financista y un muy mal economista.

¿Es una economía de mercado la economía indonesa acaparada durante treinta años por una familia de bandidos, la tribu Suharto, que hace girar toda la producción y los intercambios del país en función de comisiones que percibe por la intermediación de un Estado que ella ha monopolizado? ¿Hay economía de mercado en Malasia, manejada desde hace diecisiete años por un déspota megalómano, Mahathir Muhamad? ¿O son economías de mercado la economía tailandesa y la economía japonesa donde, a pesar de las apariencias, la presencia de la feudalización política de empresas pseudo-privadas y de bancos dóciles a las consignas políticas subordina la economía a principios ajenos a la libre concurrencia? Si los bancos hubieran seguido las leyes de mercado ¿hubieran consentido préstamos más allá de un riesgo razonable?

Benegas Lynch denuncia con acierto este embuste que, sobre un fondo de corrupción generalizada, imputa al liberalismo los efectos que se deben exactamente a su contrario. Lo más inquietante es que esta colosal impostura tiene lugar tanto en países que se denominan democráticos, es decir, donde el poder surge de elecciones libres como en regímenes autoritarios, africanos o asiáticos. ¿La democracia no será más que el nombre pomposo de algo que no existe? No seamos tan pesimistas. Más bien es a la insuficiencia de la democracia lo que debemos incriminar.

Alberto Benegas Lynch (h) nos obliga a plantearnos los problemas sustentado en una rica documentación, un rigor en el razonamiento y un talento literario que hacen de este libro una obra saludable y una lectura indispensable para todos aquellos de nuestros contemporáneos y nuestros descendientes que deseen comprender nuestra época.

JEAN-FRANÇOIS REVEL
DE LA ACADEMIA FRANCESA

París, enero de 1999

This above all, to thine own self be true.
Hamlet

Señoras y Señores:

Según parece, ha tenido un éxito resonante el nuevo vocabulario a que hacía referencia Eric Blair —más conocido como George Orwell— en una obra que publicó
bajo un título un tanto misterioso y apocalíptico que
surgió a raíz de invertir los dos últimos dígitos del año
en que la escribió. Independientemente de la filosofía
del autor, en ese libro pronosticaba que un canal por el
que mostrarían su fortaleza las distintas variantes direc-
tas e indirectas del autoritarismo sería el de la tergiversación del lenguaje. Así sostuvo que a muchas de las
palabras clave se les daría una connotación bien distinta y hasta opuesta a su significado original. Mantenía
que el contrabando de antónimos se traduciría en una
gran confusión conceptual. A esta altura de los acontecimientos, ya no cabe el condicional y lo que estaba escrito en tiempo futuro como una generalización probable, aparentemente se hizo presente arrastrando ya un
largo pretérito.

En este mismo contexto, también nos dice Orwell que "el doble pensamiento significa el poder de mantener en la mente dos ideas contradictorias en forma simultánea y aceptar las dos". Difícil tarea por cierto, pero ésta es la razón de las actitudes incoherentes. Es cuando en el subconsciente se tienen archivados conceptos opuestos bajo un mismo rubro. Pero hay todavía una situación peor que revela gran deshonestidad intelectual y es la de darse cuenta de la contradicción y, sin embargo, postular las dos ideas según sea la audiencia. Lo primero es un error, lo segundo pura malicia. A esto último se lo denomina doble discurso. Probablemente tanto el doble pensamiento como el doble discurso (a veces la frontera no es clara) produzcan los mismos resultados en cuanto a problemas conceptuales, pero, como queda dicho, en el primer caso revela la confusión del emisor mientras que el segundo pone de manifiesto mala fe.

Quiero presentar ahora ante ustedes a título de ejemplos las situaciones angustiosas —y muchas veces dramáticas— que crea el doble discurso en la gente, especialmente la más débil desde el punto de vista crematístico. Lo curioso del asunto es que se declama permanentemente la imperiosa necesidad de proteger a los más necesitados y, simultáneamente, se montan aparatos fenomenales de explotación que afectan, y en no pocos casos arruinan, las vidas de las personas que se dice se quieren ayudar. No todos los casos son de doble discurso propiamente dicho, hay quienes proponen medidas en la creencia que servirán de soporte a los relativamente más pobres, pero, en todo caso, como hemos dicho, el perjuicio es el mismo y, en este caso, la carga no se hace más liviana para los destinatarios (recordemos aquello de que "el camino del infierno está empedrado de buenas intenciones"). No siempre es posible conjeturar con nitidez lo que en realidad sucede en la mente de quien sugiere que se adopten sus fórmulas y, como también dijimos, la frontera entre el doble discurso y el doble pensamiento muchas veces resulta un tanto pastosa y queda desdibujada. En otros casos el doble discurso se convierte en doble pensamiento por un proceso psicológico de autoconvencimiento basado en fuertes intereses creados que hacen que quede oculto y desfigurado el argumento que revela el evidente desacierto de la política en cuestión.

Podemos decir que, en la práctica, el doble pensamiento se asimila a una especie de doble discurso *de facto* cuando se sostiene que se desea mejorar la condición del prójimo pero, con la mejor de las intenciones, se recomiendan políticas que terminan por perjudicar a los destinatarios. Como queda dicho, esto se diferencia del doble discurso propiamente dicho, situación en la cual la operación se realiza conscientemente, es decir, con hipocresía. Como se ve, las líneas divisorias no siempre pueden trazarse desde afuera por parte de un observador imparcial y, muchas veces, tampoco desde adentro, esto es, desde el propio sujeto actuante. En todo caso, a los efectos prácticos de esta presentación, tal vez no resulte especialmente provechoso destinar esfuerzos en detectar qué tipo de doble discurso aparece en cada situación, aunque, sin duda, existan diferencias de tipo ético.

Como hemos mencionado, de tanto doble discurso hipócrita hay el riesgo de que quien lo pronuncia termine por no distinguir la verdad de la falsedad y se convierta en doble pensamiento (lo que también hemos denominado doble discurso *de facto*). Un siglo antes de la obra comentada de Orwell, el extrovertido Hawthorne escribió —podríamos decir que en letra escarlata— que "Ningún hombre puede mantener una cara para sí y otra para la multitud por un tiempo considerable sin que finalmente se confunda acerca de cuál es la verdadera".

Una de las consecuencias nefastas de los distintos tipos de doble discurso ha sido que como la tradición de pensamiento liberal produjo contribuciones sumamente fértiles y exhibió las enormes ventajas de la sociedad abierta, los oportunistas del momento han expropiado su jerga para aplicar con más soltura las fallidas recetas del privilegio y la explotación ahora presentadas con una envoltura y un moño más elegantes. De este modo, en nombre de la privatización, se transfirieron monopolios estatales a monopolios privados otorgándose mercados cautivos a un grupo de pseudoempresarios para que usen el botín como les venga en gana. En nombre de una así llamada reforma del estado, se incrementó el gasto público y, consecuentemente, se elevaron los impuestos y el endeudamiento estatal. En nombre de los principios republicanos se falsearon y atropellaron las instituciones que le son tan caras como es la división horizontal de poderes y, especialmente, la independencia de la justicia convirtiéndola en un apéndice del ejecutivo. En nombre de la ética, se pervirtieron y corrompieron funcionarios enquistados en el poder cual sultanato, en donde nadie responde por el modo en que se dispone de las haciendas ajenas. En nombre del mercado libre, se concretaron negocios en los propios despachos oficiales. En nombre de la prensa libre, en muchos casos se recibían sobornos para ocultar las fechorías de gobernantes inescrupulosos o para ensalzarlos sin el más mínimo decoro. En definitiva, esas "mascaradas de libertad" de las que nos habla Boissier cuando alude a la oposición en la época de los césares.

Como consecuencia de todo esto aparecieron analistas que, con razón, concluyeron que ese esquema no sólo resultaba degradante sino que excluía a los más necesitados. Las conclusiones sin duda eran correctas pero la premisa estaba equivocada ya que en general partían de la peregrina idea de que era el resultado de aplicar las

23

recetas patrocinadas por el liberalismo. Y esto se produjo debido a que, como decimos, la política del privilegio, la prebenda y la exacción sistemática muchas veces se hizo en nombre de la tradición liberal.

Antes de internarnos en los ejemplos anunciados y elaborar sobre los temas correspondientes, quisiera marcar una característica que considero medular respecto de los enfoques no-liberales o anti-liberales y dejar consignada una definición del liberalismo a los efectos de evitar malos entendidos.

Me da la impresión que aquellos que no comparten las ideas liberales tienen una peculiar visión del mundo que nos rodea por la que consideran posible que ciertas personas pueden transformar radicalmente la naturaleza de las cosas con sólo quererlo. Es una especie de voluntarismo a ultranza. Consideran que es posible fabricar un "hombre nuevo" con inclinaciones e incentivos sustancialmente distintos de los que en verdad le ocurren a las personas de carne y hueso. No parecen percatarse de que hay tal cosa como el instinto de conservación y el amor propio, lo cual conduce a que cada acto implique el tránsito de una situación menos satisfactoria a una que proporciona mayor satisfacción. El objetivo del acto podrá ser sublime o ruin pero el ingrediente de toda acción humana es invariablemente el interés personal.

Sobre la base de este ingrediente imposible de remover (por otra parte, si fuera posible removerlo, sería el fin de la especie) es que se descubre que las relaciones interpersonales libres y voluntarias conducen a una mejor situación para cada una de las partes involucradas. No se trata de un sistema de suma cero en el que se reubica en distintas manos la ganancia psíquica o material del intercambio, sino de suma positiva donde se acrecienta la referida riqueza.

El fin de todo ser humano es su felicidad la cual puede buscarse por muy diversos caminos ya que, desde el punto de vista humano, la apreciación de los valores tiene enfoques muy variados. A los ojos de un tercero puede eventualmente percibirse el error de tomar tal o cual camino para el logro de la satisfacción de una persona pero, para que la convivencia resulte civilizada, ese camino debe respetarse aun considerándose equivocado. Por otro lado, no es infrecuente que resulte que la equivocación estaba del lado del tercero que juzgaba. Las únicas conductas que deben refrenarse a través de acciones defensivas son aquellas que lesionan derechos de terceros, es decir, las que resultan ofensivas, las que inician la fuerza contra otros. En este último sentido, a través de largos procesos evolutivos de selección y tamiz, los mecanismos de producción y ejecución de normas, en la medida en que son más abiertos y competitivos, tienden a la mejor calidad posible a los efectos de reprimir con todo el peso necesario la injusticia y así defender el irrestricto respeto a todas las personas.

Esto del respeto suena a cosa fácil pero cuando miramos a nuestro alrededor observamos que en nombre de los pretextos más inverosímiles —aunque alegando siempre valores supremos— se invaden campos privados de las formas más desaprensivas y siempre para moldear las conductas de unos en base a las concepciones personales de otros. A través de la historia, infinidad de torturas, matanzas y desdichas horribles atestiguan este aserto.

Todos los seres humanos somos distintos desde el punto de vista anatómico, fisiológico, bioquímico y, sobre todo, psicológico. Todos tenemos muy diversas potencialidades, inclinaciones y proyectos de vida. No resulta posible unificar criterios, tampoco resultaría conveniente que tal cosa ocurriera puesto que se desplomaría la división del trabajo junto con la civilización. La sociedad es por definición pluralista, por esto es que la cooperación pacífica entre las personas requiere que aunque no se comparta ni siquiera se comprenda el proyecto de vida de otro, éste debe ser respetado. Pretender sobreimprimir una naturaleza distinta es no sólo una tarea condenada al fracaso más estrepitoso sino que revela una arrogancia digna de mejor causa, la cual pretende reformular las cosas como si se pudiera moldear al ser humano a la imagen y semejanza de los candidatos a constructores y "diseñadores de hombres".

Hay otra cuestión vinculada a lo que venimos diciendo y es que para reducir nuestra ignorancia resulta fundamental la competencia y el contraste entre teorías rivales. Requerimos diversos ángulos de análisis que nos ayuden a llegar a nuestras conclusiones, tal vez provisorias, tal vez definitivas. Pero para que todo esto tenga lugar, precisamente, como *sine qua non*, debe aceptarse la regla de oro de la convivencia cual es el respeto recíproco. Y esto —nada más y nada menos— es el liberalismo o la sociedad abierta. El liberalismo es el respeto irrestricto a los proyectos de vida de otros.

Esto nos conduce a la noción del orden natural que no es diseñado ni inventado por el hombre sino descubierto tras arduos esfuerzos, sinsabores e ingratitudes. Se trata de nexos causales subyacentes que hay que intentar descubrir recurriendo a un azaroso peregrinaje de prueba y error. No se trata de inventar un orden y sobreimprimirlo a la realidad a voluntad del "ingeniero social" del momento. En esto consisten las utopías que tanto daño le han hecho a la humanidad. No es un sueño o una aspiración que apunta a que finalmente se tengan en cuenta los dictados de la naturaleza, sino de una imagen artificial dibujada por los planificadores del mundo que tuercen la realidad para que calce en la horma que concibieron *a priori* mentes afiebradas que se proponen darle forma al hombre cual juguete de plastilina.

Lo anterior no quiere decir que uno está condenado a repetir machaconamente lo que viene sucediendo sin posibilidad de cambiar el rumbo. Si esto fuera así, si se estuviera determinado a seguir la corriente, nunca se hubiera salido de la época de las cavernas. Siempre hubo un primer caso que marcó el tránsito desde el absolutismo a mayores grados de libertad. Siempre hubo una primera propuesta, alguien que se salió de la rutina y los cánones establecidos. Este mismo discurso sobre el doble discurso apunta a la modificación actual del *statu quo*. En el contexto de lo que venimos comentando, cuando los pasos están dirigidos a las libertades y consiguientes respetos a las autonomías individuales, la secuencia respectiva le abre camino a la realidad o, si se prefiere, a la naturaleza, lo cual no es inventar la realidad sino acatar su llamado.

Operar en base a las antes definidas utopías conduce inexorablemente al desorden que, a su vez, las mentes calenturientas responsables del dislate consideran que debe paliarse y corregirse con *más* diseño, lo cual naturalmente agrava el desorden y así sucesivamente. Los campos de concentración son generalmente los destinos finales de estas construcciones *contra natura*, de estas ideologías como concepciones valladas, inamovibles e infranqueables. Irremediablemente todos los dogmatismos se basan en una petulancia grotesca e inflamada que pretende sacar de la galera una ocurrencia insensata fabricada a espaldas del orden y de las propiedades que corresponden a las cosas. Claro que cuando hablamos de orden natural estamos incluyendo desarrollos no-lineales imposibles de pronosticar fuera de alguna mención probabilística muchas veces ambigua, aún más allá de la ya de por sí difícil tarea de proyectar sucesos en un futuro más o menos inmediato.

Nosotros mismos no sabemos qué haremos el mes que viene, puesto que nuestras conjeturas del momento serán modificadas según se modifiquen las circunstancias. No sabemos siquiera qué conocimientos tendremos dentro de cinco minutos y lo curioso es que se pretende coordinar la acción de millones de personas en una superlativa demostración de la presunción del conocimiento. Desde el Génesis se nos viene advirtiendo de la inconducente tontera y de los peligros de "jugar a Dios". En uno de los relatos de Giovanni Papini se muestra con algún detalle cómo, en la práctica, todos los problemas derivan de la soberbia. El liberal —independientemente de que su carácter sea vehemente o apacible— refleja una filosofía de la modestia. Se opone a la planificación estatal de las vidas de otros no sólo por el debido respeto sino porque reconoce su ignorancia y porque tiene a flor de piel el *no sé* de la tradición socrática. Sólo sabe que hay que respetar a otros y ya bastante abrumadora le resulta —nos resulta— la tarea de cargar con el esfuerzo permanente de intentar la conducción de su propia vida y bucear en su persona en la esperanza de contar con un entendimiento apenas fragmentario de lo que sucede en su propio cuerpo y en su psiquis.

Aquella coordinación de millones de arreglos contractuales que Michael Polanyi describe como "la lógica de la libertad", aquella información dispersa se engarza a través de los procesos de mercado abierto al reflejar deseos y gustos imposibles de conocer por todos esos comités de "expertos" que pululan por doquier y que se pronuncian con un lenguaje sibilino y ampuloso, nada socrático por cierto, y que en verdad sólo debiera mover a la carcajada. Y no es sólo que falta información como ocurre en las ciencias naturales donde hay reacción, sino que sencillamente la información no se encuentra disponible hasta después de haberse llevado a cabo la acción, y la planificación por parte de los aludidos comités no tiene sentido como un *ex post facto*, puesto que la "planificación" de lo que ya ocurrió es historia. Aterra cuando hay quienes adoptan actitudes genuflexas frente a estos mandones de las vidas ajenas. Se pone aquí de manifiesto un "espíritu de manada" y un servilismo que no conoce de pudor y que todo lo estropea y lo degrada a su paso.

No deja de ser temeraria e irresponsable al extremo la pose de súper-faraones que adoptan los mencionados ingenieros sociales quienes hacen gala de una super-chería a prueba de balas. Si lo pensaran un minuto se darían cuenta que ni siquiera conocen a ciencia cierta los resultados directos e inmediatos de las acciones que ellos mismos encaran en sus vidas privadas, para no decir nada de las consecuencias no queridas y la cantidad enorme de efectos no buscados que aquéllas producen en los más diversos campos. En realidad no se resignan a que la naturaleza sea como es y la quieren rediseñar. Es legítimo que se quieran mejorar las cosas mejorables pero es de una torpeza mayúscula el pretender la modificación de las leyes de la naturaleza, la fabricación de un hombre nuevo y la coordinación de fenómenos y procesos que están mucho más allá de nuestro alcance.

Más aún, la empresa basada en el puro devaneo que se arroga la facultad de rehacer el universo para "perfeccionarlo" no sólo constituye una pretensión estúpida e imposible de llevar a cabo sino que, a creyentes y no creyentes, nos resulta absurda la existencia de más de una perfección ya que los atributos que tendría una no la tendría otra. Con lo cual, además de la soberbia de marras, percibimos que un mundo perfecto excluiría la posibilidad de la existencia del mundo. Como queda dicho, ontológicamente la perfección sólo puede residir en uno, no podrían existir varios perfectos y, por tanto,

31

si eso ocurriera el universo no tendría lugar. Lo más que podemos hacer entonces respecto de la naturaleza y sus nexos causales subyacentes es conjeturar que vivimos "en el mejor de los mundos posibles". Somos seres limitados, insatisfechos e ignorantes y debemos tener siempre presente que entre lo sublime y lo ridículo hay sólo un paso.

Debemos tener muy en cuenta el sentido específico que le atribuía Hume a la expresión *naturaleza* (precisamente en el contexto de su esfuerzo por descifrar la naturaleza humana): "Tampoco es impropia la expresión *leyes de la naturaleza* si por natural entendemos lo que es común a una especie o incluso si la circunscribimos a lo que es inseparable de las especies". En nuestro caso, la preocupación también se limita a la condición humana y a las relaciones entre las personas que se han hecho tan difíciles y tortuosas debido a la arrogancia y a la morbosa sed de mando y el prepotente reclamo de sumisión.

Vez pasada un amigo que enseña en La Sorbonne, refiriéndose a las opiniones de un escritor checo, me decía que adhería a la idea de que el problema central de confiar en el mercado es que por ese conducto se pretende, sin éxito alguno, transformar lo cualitativo en cuantitativo. Insistía en que el mercado estimula e incita a la mediocridad a través de las enormes sumas de dinero que facilita a los instigadores de la ordinariez y la grosería. En ese sentido daba muchos ejemplos de cómo, a su juicio, una descarga inmisericorde de decibeles muchas veces produce ingresos muy superiores a las exquisitas composiciones musicales y muchas novelas que mi amigo considera como un ataque frontal al buen gusto y a la gramática elemental se transforman en *best sellers*, mientras que la buena literatura a veces queda arrumbada en los estantes perdidos de algunas librerías, y así sucesivamente.

En realidad esto constituye una mala caricatura del proceso de mercado. El mercado pone en evidencia las posiciones relativas de los juicios de quienes participan en ese proceso con sus compras y abstenciones de comprar, pero no debe culparse al proceso por el contenido axiológico de quienes lo dirigen, del mismo modo que no debe culparse al martillo por el modo en que se introducen los clavos. ¿En virtud de qué puede alguien arrogarse la facultad de imponer a los demás sus gustos o sus inclinaciones artísticas o, si se quiere, anti-artísticas? Como he dicho alguna vez, personalmente lamento que los derechos de autor sean más jugosos para Michael Jackson que para Paul Johnson, pero, fuera de la persuasión, no hay nada que pueda lícitamente hacerse al respecto. Sin duda que la vida resultaría invivible si cada uno pudiera imponer sus preferencias a los demás. Ya bastante difícil se hace cuando los gobernantes pretenden alzarse en jueces de las vidas de sus semejantes, engullendo ilusiones a diestra y siniestra como pirañas que atacan en cardumen. Lo que en realidad me parece que deploraba mi amigo es que no haya más calidad, lo cual no justifica emprenderla contra el proceso que pone de manifiesto cómo están las cosas.

La pertinaz tergiversación del lenguaje que subraya el mensaje orwelliano hace de invalorable apoyo logístico para lograr estos desvíos. En el último libro que escribió Hayek, entre otras cosas, se refirió a "nuestro lenguaje envenenado" donde hizo especial hincapié en la palabra *social*. Éste es un buen ejemplo de la empalizada que se levanta para dificultar la comunicación. Señalaba que ese adjetivo unido a cualquier sustantivo lo transformaba en su antónimo. Así, la *justicia social* significa sacarles a unos lo que les pertenece para entregárselo a otros, lo cual es lo contrario a la célebre definición de Ulpiano de dar a cada uno lo suyo. La *democracia social* implica la extralimitación del poder político que desparrama *derechos sociales* por doquier, lo cual, como hemos subrayado en otra oportunidad y lo reiteramos ahora, se traduce en la negación del derecho, puesto que esta última idea tiene como contrapartida una obligación la que, en este caso, no es posible otorgar sin lesionar derechos de terceros.

Como también hemos apuntado en otra ocasión, las llamadas *libertades sociales* incurren en el mismo error. En este caso se recurre a un uso metafórico de la libertad extrapolando conceptos tomados de la biología y la física aplicándolos a las relaciones interpersonales. En este sentido, se dice que una persona no es libre de bajarse de un avión en pleno vuelo, o que no es libre de ingerir arsénico sin padecer las consecuencias, o que no es libre de abstenerse de ingerir alimentos sin morirse por inanición o que no es libre porque no puede ir volando a la luna moviendo los brazos, etc. Estos y otros ejemplos surgen de confundir lo físico y biológico con la libertad en el contexto de las relaciones entre las personas. En este último sentido, la expresión *libertad* alude a la ausencia de coacción por parte de otros. Si no se recurre a la fuerza hay libertad, lo cual, de más está decir, para nada excluye la existencia de otros muchos problemas. Ser libre es nada más y nada menos que otros no recurran a la coerción para dirigir nuestra conducta. Si se recurre a la fuerza el acto es de *libertinaje*, en ese caso no se hace uso de la libertad.

Salvo en una oportunidad cuando transcribo una noticia periodística, en los casos que expondré a continuación no voy a dar nombres propios, puesto que lo realmente relevante es la discusión de ideas y no arremeter contra específicas personas. Los casos que presento son al solo efecto de ofrecer un marco adecuado para adentrarnos en el problema y de allí en más sondear con mirada atenta y mente despejada las múltiples avenidas que se nos presentan, con la aspiración de arrojar algo de luz sobre temas que nos afectan a todos. Presento aquí las oligarquías al rojo vivo. La figura de la oligarquía y sus socios, es decir aquellos que administran o contribuyen a administrar la cosa pública en provecho propio. Los fariseos que aparecen en algunas de nuestras historias siempre presentaron a los gobiernos del momento como bienhechores de los pueblos pero, en realidad, aquellos no resultaron más que viles oligarquías, fantochadas que sirvieron los propósitos deshonestos de las camarillas de turno.

La gran paradoja de nuestro tiempo

Una señora viaja con su hija a Berlín, en la calle compra una velita con ciertos adornos que le parecieron atractivos, entra con el adminículo a una librería donde después de adquirir dos o tres libros le pide al encargado de la caja que le preste un pedazo de papel. El empleado accede al pedido pero cuando percibe que la señora lo estaba utilizando para envolver la velita le arranca de mal talante el papel en cuestión y le dice que no está permitido por la ley envolver un artículo no comprado en ese negocio con un envoltorio que lleva el logo de la librería. La señora un tanto turbada por los modales rudos y desconsiderados del fulano le sugiere a una de las vendedoras que le facilite un papel sin la identificación de la librería para cumplir con sus propósitos estéticos. Después de algún conciliábulo y ya demorada para otra diligencia posterior, obtiene el tan ansiado elemento. Lamentablemente esta señora —tal vez como consecuencia de los nervios— no lograba envolver la velita que traía con tanto cariño, ya que sus contornos irregulares dificultaban en grado sumo la misión que se había propuesto. De todos modos algo se calmó al recordar que Chesterton escribió que hacer un paquete excedía su capacidad analítica. El asunto es que intervino su hija para lograr el cometido y lo hizo a las mil maravillas. Pero aquí no termina la historia. Apareció el gerente y en un tono amenazante —casi hitleriano— le dijo a sus clientas circunstanciales que había que desarmar el envoltorio y devolverle el papel de inmediato puesto que estaba prohibido circular con mercadería sin la correspondiente factura como documentación de compra. Las turistas de marras ya al borde de las lágrimas se retiraron prácticamente corriendo del local con la velita a cuestas pero sin llevar los libros que habían elegido con tanto ahínco, cancelaron la siguiente actividad que tenían planeada y se fueron al hotel para tratar de recuperarse de tan lamentable experiencia.

Hace un par de años llegaba a Los Ángeles y estaba en el mostrador de una agencia que alquila autos. Delante mío estaba ubicado un señor de edad avanzada que gesticulaba agitadamente en lo que parecía una discusión con quien lo atendía. Pude oír el intercambio de opiniones. El debate duró bastante pero el resumen del asunto era que el conductor potencial quería pagar en efectivo y por adelantado los días que iba a utilizar el vehículo y ofrecía su tarjeta de crédito al solo efecto de que le tomaran el número como garantía si algo sucedía, pero insistía en que no le debitaran de la tarjeta el importe del alquiler puesto que lo haría al contado. Pues no hubo forma, del otro lado del mostrador le decían a coro que una ley federal —y cuando dicen "federal" pretenden que la gente se postre de rodillas— no permitía hacer el trámite como solicitaba el agitado usuario. Otra persona que estaba en la fila y que parecía muy informada sostenía que se trataba de un error, puesto que no existía tal disposición legal. En todo caso debitaron la suma de la tarjeta y el señor fue en busca de su automóvil maldiciendo en un idioma que no me era familiar.

Uno de mis hijos me contó que vio en CNN cómo en New York dos inspectores amonestaban al dueño de un restaurante porque entregaba a los comensales carne no del todo cocida y que la ley —no sé si en este caso sería federal o estatal— prohibía la venta de carne *medium rare* o *rare* para proteger la salud de la población. También lo multaron porque preparaba la célebre *Cesar's Salad* con la tradicional salsa que contiene yema de huevo crudo y eso, según la moderna Gestapo, es malo para los humanos y sólo puede venderse en caso de que exista constancia fehaciente que el cliente expresamente lo solicite. Estas noticias estrafalarias las leí luego en los diarios.

En otro caso —esta vez en Miami— un chico entró a un lugar de comidas rápidas y solicitó uno de los menús disponibles pero pidió que le sacaran las papas fritas y una salsa, debido a un problema hepático y una necesidad dietética. Le dijeron que eso no resultaba posible ya que las normas de la empresa (esta vez no se trataba de una ley) no se lo autorizaban. El chico dijo que pagaría *todo lo que fuera necesario* por la combinación simplificada que estaba requiriendo. Resultado: se tuvo que ir del restaurante porque no pudo convencer a nadie a pesar de que intentó (sin éxito) cubrir las instancias jerárquicas que en ese momento se encontraban en el lugar. Pensó en dejar las papas fritas y sacar la salsa pero esta última operación le pareció imposible dado que todo estaba sumergido en ella.

En Suiza una familia acompañó a uno de sus miembros para aplicar al Instituto de Estudios Internacionales. Logrado el cometido decidieron festejar el acontecimiento con champagne. Al día siguiente intentaron entregar la basura con las dos botellas que habían consumido la noche anterior. Ya en la puerta de la casita que habían alquilado, una vecina les dijo que ese día no re-

39

cogían botellas, que las pusieran al día siguiente, cosa que hicieron. Pero al día siguiente el de la basura los anotició de que ese día se recogían solamente botellas de vidrio blanco y ésas eran de vidrio verde. Retuvieron las botellas y tuvieron que hacer un viaje corto; a la vuelta la emprendieron otra vez con las botellas pero para sorpresa de los inquilinos esta vez les informaron que ese día retiraban botellas de plástico. Intentaron una vez más a la semana siguiente cuando otra vez entendían que se recogerían botellas (aunque temerosos puesto que les habían dicho —seguramente como una chanza de mal gusto— que retirarían las tipo burdeos y las de ellos eran más bien borgoña). Pues habían entendido mal, no era el día de botellas cualquiera fuere su tipo y color. Tanto fue el disgusto de tener que retener la basura que para deshacerse de ella la pusieron en las valijas y la llevaron consigo a su país de origen.

Después de un torneo de *tennis* en Buenos Aires, me enfrasqué en una discusión con la mujer del entonces embajador estadounidense en la Argentina. Me decía que en su opinión si uno abre un tubo de pelotas y se corta el dedo con la lata de la tapa, debería poder hacerle un juicio y ganárselo a la empresa que las vende. Que la ley debería extender sus tentáculos y abarcar también esos dominios. Infructuosamente traté de explicarle que el resultado sería el encarecimiento de aquel deporte ya que naturalmente se cubrirían los riesgos provenientes de las demandas iniciadas por parte de jugadores imprudentes. Le dije que si alguien compra un dulce y se le cae el frasco en el pie, los cortes que eventualmente se produzcan son solamente responsabilidad del que compró la mercancía. Muy distinto es el caso de quien adquiere un *shampoo* y al abrirlo explota como una bomba, puesto que lo que se buscaba era lavarse la cabeza y no obtener un arma de guerra, se trataría por tanto de un fraude lo cual no ocurre en los ejemplos anteriores en los que se pretende endosar responsabilidades a uno eximiéndolas de aquellas personas sobre las que debería recaer.

En los países civilizados hay una tradición por el respeto a la ley cuyo origen se remonta a que cuando se aludía a *law* equivalía a la noción de derecho. *Law and order* provenía de ese origen noble, el respeto a la ley conducía al orden o, si se quiere, el respeto al orden natural en el sentido antes descripto permite la convivencia civilizada. La ley quería decir el reconocimiento al derecho anterior y superior a la confección de la norma o al fallo que se descubría en aquel orden subyacente. Luego comenzó a degradarse la idea de ley produciéndose una peligrosa metamorfosis convirtiéndola en sinónimo de simple legislación, es decir, construcción del legislador independientemente de aquel orden basado en el derecho. De esta manera, a medida que el legislador se iba entrometiendo en la vida de quienes estaba supuesto de proteger en sus derechos, el orden se iba mutando por desorden y la ley "en corrupción de ley". De esta manera lo que se tenía era *legislación y desorden* en lugar de ley y orden.

Sin embargo, a pesar de esta mutación en la naturaleza de las cosas, pocos parecen haber comprendido la gravedad de lo que sucede y siguen con la misma devoción a la norma como si fuera igualmente respetable. Se olvidaron de Locke, de los padres fundadores, del texto de la Declaración de la Independencia estadounidense (copiada en no pocos lares en los que se proclamaba el liberalismo). Por suerte no son todos, hay quienes se rebelan, todavía quedan rebeldes, hay quienes se sublevan frente a la injusticia y el atropello y se quejan en la esperanza de retomar la senda del derecho. En ellos están cifradas las esperanzas, pero el hecho es que se produjo una especie de monumental trasvasamiento conceptual imperceptible a los ojos de las mayorías.

Así se observa, no sin alarma y estupor, que se pueden introducir las normas más estúpidas y abyectas y la mayoría las acata religiosamente. De ahí a los führer hay sólo un paso. El positivismo conduce a extremos inauditos. Hitler promulgó las cámaras de gas en las que asesinó a seis millones de judíos. Stalin decretó purgas y carnicerías que exterminaron a once millones de disidentes. Salvando las distancias, en 1993, es decir ayer nomás, el jeque de Arabia Saudita, Abbel-Aziz Ibn Baaz, ordenó un edicto (*fatwa*) en el que establecía que el mundo es plano e introdujo severas penalidades para quienes discutieran el aserto. No hay nada peor que la imbecilidad colectiva que acepta tamañas monstruosidades por parte de los ayatollahs de ayer y de hoy de todas las religiones y signos ideológicos. Tropelías que parecen de una fuerza irresistible y avasalladora y que pretenden que todo se les rinda a su paso. De esta forma no resulta imposible pasar "ordenadamente" de una sociedad libre a una totalitaria. Para frenar el desatino se requieren los parámetros suprapositivos, extramuros del ucase.

Y aquí viene la paradoja de nuestro tiempo: lo anterior ocurre por lo general en países civilizados y no en los llamados subdesarrollados. En estos últimos países la gente se ha acostumbrado desde la más tierna infancia a desconfiar de la norma, puesto que en la mayor parte de los casos era absolutamente irracional y contraproducente (por eso, precisamente, aquellos lugares son subdesarrollados). Esta lucha sin cuartel para evadir la norma ha salvado a sus habitantes de la inanición total.

Francamente no sé si en los dos casos mencionados las cosas se hacen deliberadamente. Pareciera que no. En el primer caso el tránsito de una posición a otra se realiza inconscientemente. En el período en que las leyes eran compatibles con el derecho se debía a una gran comprensión del problema. Luego la gente se dejó estar y siguió con la rutina sin comprender que bajo una estructura formal aparentemente igual, tenía lugar un descomunal contrabando conceptual, a través del doble discurso le estaban cambiando por completo el contenido. Se dejaron estar en el sentido de que ya no estudiaron el fundamento de la norma para proteger derechos, sino que se lanzaron ciegamente al acatamiento de la ley por la ley misma, siguiendo una especie de inercia inexplicable que proviene de una tradición basada en nociones completamente distintas cuando no opuestas.

En el segundo caso, como en la mayor parte de sus historias esas gentes debieron luchar como gato panza arriba contra la norma arbitraria y tiránica, lo siguen haciendo como una costumbre ancestral pero no debido a inspiraciones liberales bien fundadas y mejor razonadas, sino más bien como un instinto atávico a la conservación y a la defensa propia.

En realidad la paradoja tiene entonces su explicación pero, en todo caso, se nos presenta un peligro en el horizonte constituido por las fuerzas que tienden a convertir nada menos que a los países civilizados de la tierra en futuras tierras de autómatas y siervos de megalómanos y pillos que se convertirán en los amos de lugares que habían sido la salvaguarda de la humanidad y que eran ejemplo de conductas responsables constituidas en vallas infranqueables y diques de contención para el avance de la barbarie.

Parecería que frente a cada problema la gente propone que sea resuelto con una nueva ley no para asignar derechos más eficientemente sino como puro reglamentarismo que, al mejor estilo masoquista, los lesiona; como si el chaleco de fuerza otorgara más capacidad de movimiento y creatividad. Bien ha expresado Planiol que "la inflación de las leyes se traduce en la depreciación de la ley". Como una nota a pie de página les digo que cuando hablo de "la gente" espero que se acepte la sobresimplificación. La gente es nadie decía con razón Ortega y Gasset: "Hay dos formas de vida humana, una, la auténtica, que es la vida individual, la que le pasa a alguien y a alguien determinado, a un sujeto consciente y responsable; otra, la vida de la gente, de la sociedad, la vida colectiva que no le pasa a nadie determinado, de que nadie es responsable". Por este motivo es que Borges solía despedirse de su audiencia después de una conferencia con un solemne "me despido de cada uno de ustedes y no digo de todos porque *todos* es una abstracción mientras que *cada uno* es una realidad".

Vale la pena que nos detengamos un minuto en la relación que existe entre la ley o la norma como expresión del derecho por una parte y la responsabilidad, por otra.

La "inflación de la ley" hace que cada vez más las consecuencias de nuestros actos sean coactivamente asumidas por otros lo que, a su vez, hace de contraincentivo para lograr la armonía de intereses característica de la sociedad abierta. Es decir, si sabemos a ciencia cierta que las consecuencias de nuestros actos serán asumidas por otros no tenderemos a dar lo mejor de nosotros mismos. Sólo lo haremos en la medida en que el sistema haga que los resultados de nuestros comportamientos sean asumidos por nosotros mismos sin posibilidad de transferirlos o endosarlos a otros. La calidad de nuestras conductas está en relación directa con la responsabilidad. Cuando el acto queda divorciado de la consecuencia, lógicamente los incentivos a dar lo mejor se desdibujan y tenderá a recaer lo peor sobre el prójimo. Y si esto se generaliza la situación se torna insoportable, en una especie de círculo en el cual todos tienen puesta la mano en el bolsillo de sus vecinos.

Puede ser que, en general, sea cierto que hacer una hora de *jogging* sea bueno para la salud o que al comer sin grasa se cuida los niveles del mal colesterol. Pero de allí hay un salto lógico inaceptable al sostener que el monopolio de la fuerza, habitualmente llamado gobierno, nos obligue a proceder en consecuencia. Y no se trata de argumentar que todos somos distintos, que correr puede acarrearle un infarto a algunos y que hay organismos que necesitan más grasa que otros. Aunque se tuviera la información precisa para cada persona, el manejo compulsivo de sus vidas —como si se tratara de animalitos— es del todo impropio. Si alguien requiere de un tutor o un curador se puede contratar sin afectar la vida de otros que prefieren conducir sus vidas como consideren conveniente y sin darle explicaciones a nadie más que a sus conciencias. *La contracara de la libertad es la responsabilidad.*

Es preferible morir antes de tiempo como un ser libre y no durar mucho más como un esclavo. Cada uno debiera poder decidir si prefiere perecer anticipadamente fumando, no respetando una dieta balanceada o vivir más tiempo con los costos que puedan derivarse de ello. Por lo que observamos, las expectativas de vida se han estirado asombrosamente, lo cual indica que, en general, la gente prefiere la vida a la muerte. Y esta prolongación se debe a los prodigios de la medicina privada y muy a pesar de las grotescas intromisiones del monopolio de la fuerza que sólo han servido para engatuzar a los incautos en los períodos en que han durado las campañas electorales, prometiendo servicios "gratis" como consecuencia de lo cual el paciente debe soportar interminables colas debido a los naturales desajustes entre oferta y demanda sin que medie el precio, lo cual hace que en muchos casos ya sea tarde para el tratamiento y si no lo es las más de las veces la atención resulta penosa y no muy digna para un ser humano, por más buena voluntad que inviertan muchos médicos y enfermeras. Por esto es que en no pocos lugares se debe obligar a la gente a aportar a las llamadas "obras sociales" descontando las sumas correspondientes del fruto del trabajo ajeno. Esto sin duda perjudica muy especialmente a los de menores ingresos, puesto que los que perciben haberes mayores pueden darse el lujo de realizar un doble aporte haciéndose atender en mutuales privadas donde no existen los problemas frecuentes de la falta de sábanas y algodones sucios, cuando no se deja olvidado algún instrumento quirúrgico en el abdomen del paciente. Si hubiera confianza en esas "obras sociales" no habría necesidad de imponerlas coactivamente a través de los antedichos descuentos compulsivos.

Tal vez por ese sentido de omnipotencia de los mandones es que se pretende generalizar la idea de la infalibilidad también a casos como la medicina. Debido a la torpe generalización del *malpractice* sin distinguir el dolo del error humano es que el costo de los sanatorios en algunos casos ha ascendido hasta un treinta por ciento debido a la inclusión de seguros con primas elevadas que cubren cualquier equivocación, que, a su turno, hace que la medicina se torne inaccesible para los más necesitados. En otros términos, parecería que fuera mejor la muerte antes que aceptar la acción falible.

Entonces, el apego a la ley o a la norma no debe ni puede ser incondicional. Una cosa es el establecimiento de determinados procedimientos a través de arreglos contractuales libres y voluntarios y otra bien distinta es la imposición de reglas injustas por medio de la fuerza. En uno de los ejemplos con que abrimos esta sección incluimos el caso de una empresa que establecía ciertas normas. Tiene todo el derecho de proceder de esta manera, pero incluimos este caso porque nuestra conjetura es que se procedía de esta manera por la extrapolación lisa y llana de la idea desfigurada y degradada de la ley. Es lo que muchos bautizan como "personas cuadradas" o "estructuradas" que se mantienen ciegas y acceden a cualquier demanda de la "autoridad". No sé incluso si no llegarían a aceptar el "derecho de pernada" si se legislara. Han borrado de sus léxicos aquella reverencia medieval de "excelentísimo" y similares para sus gobernantes pero endiosan sus resoluciones de un modo impropio para un ser racional que tenga por sí mismo un mínimo respeto. En otros lares del subdesarrollo, paradójicamente también, mantienen esos calificativos rimbombantes pero les hacen menos caso, claro que no pueden ignorarlos como sería de desear porque la persecución es implacable, pero por lo menos mitigan en algo los efectos perniciosos de tanto reglamentarismo absurdo.

Jean-François Revel, en la obra basada en diálogos con su hijo, señala que el origen de tanta sed por el diseño de la sociedad se encuentra en el Iluminismo y en los experimentos marxistas-leninistas, en los que "la alianza de la felicidad y de la justicia ya no pasaría, en el futuro, por una indagación individual de la sabiduría sino por una construcción de la sociedad en su conjunto [...] esta ilusión [es la] madre de los grandes totalitarismos que han devastado nuestro siglo XX". Exactamente, este fermento constructivista —la raíz del espíritu totalitario— no se basa en el respeto por las autonomías individuales sino que apunta al manejo caprichoso del grupo, partiendo de la absurda premisa de que los superhombres en el poder saben lo que en realidad le conviene a aquella categoría misteriosa y antropomórfica de "lo colectivo". Hay que imponer el ucase "para su bien" dándole la espalda al significado del derecho e inyectando ríos de legislación que en última instancia pretenden moldear al ser humano a imagen y semejanza de los planificadores circunstanciales.

Cuando el empresario se vuelve hipócrita

Estaba caminando por un terragal en Chichicastenango, era un día de feria de modo que incluso las calles alejadas estaban abarrotadas (casi más turistas que locales). En Guatemala cada pueblito tiene sus atuendos particulares. Los más vistosos y atractivos son los *huipiles*, una especie de poncho de largo variado con coloridos y dibujos trabajados cuidadosamente en telares caseros y que usan las mujeres en combinación con faldas más bien lisas. En el *huipil* de Chichicastenango predomina el violeta, matizado con verdes fuertes y un negro retinto con algunos bordados de pájaros de la zona. Algunos turistas recalcitrantes los ponen en bastidores y los cuelgan en sus *livings* iluminados por las consabidas dicroicas.

El aire en ese lugar es de una pureza que acaricia los pulmones, probablemente debido a la altura y, en esa época del año, el cielo está casi siempre azul sin nubes a la vista. La temperatura acoge a los transeúntes con la más amable de las hospitalidades. En realidad estaba yo en busca de un San Juan Bautista tallado en un palo de procesión. Pero no logré mi cometido, puesto que ni siquiera llegué a la plaza principal donde se desplegaban las largas mesas con los cachivaches de la feria (mucho más adelante mi María me consiguió lo que ese día andaba buscando). Confieso que el turismo más bien me disgusta y que los tumultos me trasmiten una mezcla de desconcierto y de temor irrefrenable. En cualquier caso, me llamó la atención la cara de un hombre mayor que estaba conversando con un chiquito en una de las maltrechas veredas del lugar por donde se filtraba pasto y algún arbusto que tozudamente se abría paso empujando piedras y otros materiales de construcción evidentemente colocados sin escuadra y, aparentemente, sin mucho esmero.

No soy muy afecto a la conversación con extraños (incluso en mis viajes en avión si me toca de vecino un entusiasta de lo cotorril, de inmediato alego problemas en las cuerdas vocales), pero en este caso no sé si por la mirada tierna de esta persona o por la gracia que me hizo el chico, el hecho es que me detuve frente a la solicitud del anciano para que lo atendiera. Hablaba un español por momentos atravesado con su dialecto maya (Chomsky dice que la diferencia entre un dialecto y una lengua estriba en que esta última es impuesta por las armas). El diálogo se desarrolló en un ritmo de sílabas cortas, pero entendí que quería que lo ayudara a bajar unos escalones —gradas me dijo él haciendo alarde de un castizo impecable— ya que no había quien lo sostuviera para realizar la maniobra. Era un hombre corpulento y, por más raro que parezca en gente de esos lares, era extremadamente alto. Llevaba sus ropas oscuras matizadas con una ancha faja y sendas guardas en las mangas de la chaqueta, ambas de color celeste con tonos amarillos y calzaba unas sandalias enormes de venado. No soy bueno para calcular edades pero tendría poco más de ochenta primaveras sobre los hombros.

Ni bien entré a la casa aparecieron dos inditas, una muy joven que después supe que era la madre del borrego y otra que dijo ser la madrina que también convivía en la morada, aunque nunca entendí qué relación de parentesco había en ese caso. Tal vez convenga mencionar de paso que en esa región centroamericana se alude a los *inditos* y no a los indios como un símbolo de cariño y de respeto hacia personas que a diferencia de otros aborígenes taimados (a lo mejor con razón) y sucios (las más de las veces sin razón), estas personas son llanas, en general bondadosas, tímidas y de modales suaves (a menos que estén bajo los efectos de unos brebajes alcohólicos de alta graduación que a veces ingieren desaprensivamente, lo cual las convierte súbitamente en extrovertidas y, en algunos pocos casos, agresivas), educados aunque la mayor parte no haya ido al colegio (o a lo mejor por eso) y comúnmente muy prolijas y limpias.

Me invitaron a sentarme y de puro aprensivo no acepté una merienda que me ofrecieron insistentemente. En ese escenario, los cinco sentados sobre una especie de tambores improvisados sobre piso desparejo de ladrillos calzados en la tierra a las trompadas, a fuerza de preguntas y monosílabos de respuestas pude constatar un cuadro de situación que no es nuevo pero al recibirlo de primera mano se torna más patético. Más dramático resultaba el cuento cuando uno miraba los profundos y significativos surcos cincelados por una vida ruda en el rostro de este indito anciano y anfitrión de la jornada, un cuadro adornado por las risitas nerviosas de la joven, las correrías del niño, los ojos adustos, serenos y sufridos de la taciturna y críptica madrina y la figura ausente que uno podía fácilmente imaginarse del padre de la criatura que en esos momentos estaba trabajando en la feria con tres de sus hermanas y una cantidad indeterminada de sobrinos (uno de ellos apareció fugazmente para contar que se estaba quemando el copal, una ceremonia que algunos cristianos dicen que es para glorificar al "dios pagano" porque el "verdadero" está dentro de la iglesia que ellos construyeron en el siglo XVI).

Los aspectos medulares de la información recabada son como se resumen a continuación, información que tuve que complementar con investigaciones posteriores que me obligaron a transitar por los más peculiares vericuetos, pero no sólo confirmaron el relato de aquella gente mansa y dulce sino que me agregaron elementos de juicio sumamente valiosos. Como por ese entonces vivía con mi familia en Guatemala, no me fue difícil la pesquisa y tampoco el despejar algunas incógnitas adicionales que aparecieron sobre la marcha.

Según parece el indito mayor, en sus épocas mozas, trabajaba mediodía en casa de un conocido empresario en la ciudad. Por ese entonces no vivía en Chichicastenango sino a unos diez kilómetros al sur de Guatemala. Tenía otros compinches que hacían diariamente el mismo recorrido. Todos en bicicleta. Entre algunos pobladores estaba muy generalizado este medio de locomoción.

Si mal no recuerdo, las bicicletas costaban poco menos de ciento veinte quetzales hasta que se produjo el desastre para esta gente laboriosa y cumplidora: los rodados de ese tipo subieron a bastante más del doble del precio. Al principio las reposiciones se fueron estirando con arreglos en general precarios, pero finalmente la situación se hizo insostenible especialmente para las nuevas generaciones que debían trabajar y no les resultaba posible mudarse a la ciudad. Aquel instrumento de trabajo se tornaba inaccesible.

Antes de la abrupta suba, las bicicletas eran en su mayoría importadas de Taiwan. Ahora una de las cámaras locales de empresarios convenció al gobierno que prohibiera la importación a los efectos de permitir que los guatemaltecos abastecieran sus propios requerimientos y así "promover la industria nacional y el pleno empleo". Además se alegó que de ese modo el país podría contribuir a su independencia y, pasado un tiempo, después de acumular experiencia, la industria local podría mostrar su competitividad aun eliminando los aranceles que en ese instante se solicitaban en carácter de excepción y como una medida transitoria. Incluso se dijo en un documento que tuvo amplia circulación que este enfoque podría aplicarse al Mercado Común Centroamericano con lo que los beneficios podrían extenderse a países hermanos.

¿Cuáles beneficios? Si antes compraban un artículo más barato y de calidad superior evidentemente estarán peor. Si había empresarios que consideraban que podían mejorar la marca, nada les impedía poner manos a la obra y si la evaluación de ese proyecto mostraba que habría pérdidas en los primeros períodos que serían más que compensadas en los siguientes, debieron darse cuenta que nada justifica que los referidos quebrantos sean trasladados, a través de aranceles, sobre las espaldas de los consumidores ajenos al negocio.

Lo que sucede es que resulta más cómodo y más provechoso contar con un mercado cautivo que facilita las más ambiciosas aventuras, ya que si se toma como parámetro la rentabilidad resultan en un cuento chino (con perdón de los chinos). Ocurre que para esos fantoches como los de nuestra historia, resulta más atractivo explotar a los demás que servirlos en competencia. Ya nos explicó Adam Smith que los empresarios actúan como benefactores de la humanidad cuando operan en el mercado abierto pero se convierten en buitres devastadores cuando logran la cópula con el poder.

Esta acrobacia verbal de la que hacen alarde estos pseudoempresarios está en alguna medida sustentada por algunos ingenuos capaces de tragarse cualquier sapo y por quienes despliegan ideas que con desfachatez llaman "proteccionistas". Aquel tipo de empresarios requiere de estos apoyos, puesto que sería insostenible la argumentación basada en que necesitan mejores mansiones, automóviles más confortables y adornar con joyas a sus mujeres o amantes. El apoyo logístico es indispensable. Los intereses creados tienen que escudarse en presentaciones de apariencia filosófica para poder prosperar.

Sin duda que allí donde se ofrecen privilegios habrá largas filas para solicitarlos. De lo que se trata es de producir cambios institucionales de características tales que imposibiliten o por lo menos obstaculicen en grado sumo la dádiva. Para ser ecuánimes debemos cargar más las tintas en el clima de ideas que hace posible el mercado cautivo que en la voracidad empresarial que sólo responde a los accionistas quienes no demandan filosofía sino retorno sobre la inversión, aunque a veces, como veremos enseguida, resulta difícil hacer abstracción de la hipocresía monumental de actores como los del drama que ahora estamos describiendo.

Miremos un poco el centro de esta argumentación. Nos han dicho durante mucho tiempo que es conveniente para un país que exporte y que el importar puede acarrearle problemas. Esto es un error. La exportación constituye el costo de la importación, del mismo modo que nuestras ventas son el costo de nuestras compras. Lo ideal para cada uno de nosotros sería poder adquirir lo que necesitamos sin vernos obligados a entregar previamente nuestros bienes y servicios. Esto también es así para un grupo de personas habitualmente englobadas en el antropomorfismo de "país". Lamentablemente el que no vende no puede comprar.

Pero vistas así las cosas, debemos percatarnos que la máxima productividad del esfuerzo exportador resulta en la mayor cantidad y calidad de productos importados. Los aranceles disminuyen esa productividad, cuando no la malogran totalmente.

Supongamos que en determinado instante las personas que viven en cierto país tienen 1000 de recursos disponibles con lo que se producen los bienes A, B, C, D y E y que, en otro momento, con la misma cantidad de recursos sólo producen A en la misma cantidad y calidad que lo hacía en el período anterior. Esto quiere decir que bajó la productividad, que hay mayor erogación por unidad de producto, que el bien que ahora se produce reclama la totalidad de los recursos disponibles, por tanto, la lista de bienes disponibles se encoge, lo cual es otra manera de decir que se redujo el nivel de vida en ese país. Pues bien, eso es exactamente lo que ocurre cada vez que se establecen aranceles.

Todo arancel siempre se traduce en menor actividad económica local, menor cantidad de bienes disponibles y, por ende, un nivel de vida inferior debido a la malasignación de los escasos recursos productivos. Tengamos en cuenta que el factor determinante del nivel de ingresos y salarios reales es la estructura de capital. Eso es lo que explica que en algunos países los salarios resultan mayores que en otros. No es el resultado de decretos voluntaristas ni de acciones sindicales más o menos violentas lo que hace a la gente más rica, sino la inversión *per capita*.

Muchas veces se ha caricaturizado al genuino empresario como un millonario barrigón con galera y una enorme cadena de oro que le cruza el abdomen contrastando con una persona descalza y mal vestida que no le alcanza el ingreso para llegar a fin de mes o a fin del día. Frente a este cuadro se sostiene que los gobiernos deben intervenir para evitar la explotación que derivaría de la desigualdad en el poder de contratación. Se presenta el asunto como si se tratara de una pulseada patrimonial. Pero no es así. Como mencioné antes, los ingresos no provienen de las ganas que tengan las partes contratantes sino del *stock* de capital disponible (incluido, en primer término, el conocimiento) lo cual obliga a los salarios a ubicarse concordantemente.

Si un pintor de brocha gorda de La Paz, Bolivia, hoy se mudara a Houston, Texas, ganaría mucho más que en su lugar de origen, no porque el empresario estadounidense sea más generoso sino porque el nivel de capitalización *lo obliga* a pagar más. Se trata de una consecuencia no querida, una externalidad positiva que surge del volumen de capital que hace de apoyo logístico al trabajo para aumentar su rendimiento. No es lo mismo arar con las uñas que con un tractor, ni pescar a flechazos que hacerlo con una red de pescar.

Si un millonario llega a un lugar y averigua cuál es el salario de mercado para pintar su casa y decide ofrecer menos, sencillamente no podrá pintar su casa. Es del todo irrelevante cuán abultada sea su cuenta corriente. Ahora bien, el arancel, al desperdiciar capital y disminuir la productividad, reduce consecuentemente salarios.

A la inversa, el mejor aprovechamiento del capital y, por tanto, el mejoramiento de la productividad libera recursos humanos y materiales para encarar otras actividades y permite elevar ingresos. En general se piensa que la introducción de una máquina, un nuevo procedimiento o un bien más barato generará desempleo pero esto no ocurre, más bien se aprovecha mejor el valioso capital humano.

Los recursos son limitados y las necesidades ilimitadas. El recurso por excelencia es el trabajo. Sin el concurso del trabajo no resulta posible la producción de ningún bien ni la prestación de ningún servicio. Si los arreglos contractuales son libres y voluntarios nunca, bajo ningún concepto, habrá desempleo involuntario. A estos efectos no importa el grado de pobreza más extrema o de riqueza más exorbitante, no habrá desempleo: por el principio de no contradicción, no sobrará aquel factor escaso. En otros términos, los salarios podrán ser bajos o altos según sea la tasa de capitalización pero no tendrá lugar la desocupación.

Si un grupo de personas llegara sin recursos a una isla deshabitada, seguramente no se quejará de que no hay "fuentes de trabajo" ni se verá obligado a descansar. No les alcanzarán las horas del día y eventualmente de la noche para hacer todo lo que hay que hacer. Si a las costas de esa isla llegaran bienes más baratos y mejores de los que fabrican los isleños, éstos harían muy mal en rechazarlos o imponerles aranceles que elevan sus costos. La introducción de esos bienes a precios más atractivos *liberarán* fuerza laboral que estaba esterilizada en la elaboración de aquellos bienes para destinarla a otros productos con lo que habrán aumentado la lista de bienes disponibles y así habrán mejorado su nivel de vida.

Es llamativo que a veces se sostenga que no resulta posible permitir el comercio libre a menos que lo hagan todos los países al unísono, sin percibir que la propia autarquía inflige un daño adicional al que ya se produce debido a la eventual autarquía de otros. Si todo el mundo se hiciera el *harakiri* no es un argumento para hacérselo uno. Cuando íbamos al colegio nos enseñaron en lógica la falacia *ad populum* (si todo el mundo lo hace está bien, si nadie lo hace está mal). Lo que le sucede a un país es lo mismo que le ocurre a una familia que se decide por la autarquía. Por más buena voluntad que tengan los miembros de la familia, el verse obligados a producir de todo los retrotraerá a la época de las cavernas. Con un país ocurre idéntico fenómeno, sólo que hay más chivos expiatorios.

Algunos de los argumentos que se esgrimen son francamente tragicómicos, como cuando se dice que en vista de que tal gobierno decidió prohibir la entrada de productos de otro, ese otro "en represalia" decide no comprarle más productos al primero. En este caso el gobierno que optó por la "represalia" está claramente perjudicando doblemente a sus habitantes: primero se quedaron sin clientes como consecuencia de la decisión del otro gobierno pero ahora duplican el problema al prohibir que sus habitantes compren más barato y mejor. Es lo mismo que si yo estuviera asesorando a mi sastre en materia contable y éste resuelve no contratar más mis servicios profesionales, haría muy mal en hacerme mis propios trajes "en represalia", puesto que de esta manera no sólo habré perdido un cliente sino que andaré de pantalón corto.

Todo este razonamiento se aplica también a los llamados "bloques regionales" que constituyen un pretexto para no integrarse al mundo a través de la eliminación de aranceles y el establecimiento de tipos de cambio libres. Las integraciones regionales demuestran que aún no se entendió el mensaje del librecambio. La simple lectura de los voluminosos tratados correspondientes pone en evidencia esta incomprensión fundamental. Las propuestas para elevar aranceles extrazonales, el uso de expresiones tales como "concesiones" cuando se permite que entren productos extranjeros y, en este contexto, la terminología militar empleada, por ejemplo, la referencia a la "invasión" de productos cuando éstos provienen de lugares más allá de las propias fronteras, todo esto, decimos, pone en evidencia que aún no se ha comprendido el problema.

Es que la aduana misma resulta incompatible con el espíritu cosmopolita del ciudadano del mundo y con la tan cacareada globalización. Si se quiere proceder como la Gestapo ¿por qué no establecer aduanas interiores? ¿Qué diferencia hay entre el que pasa de un pueblo a otro dentro de aquella jurisdicción artificial que llamamos "país" de aquel tránsito que se produce cruzando esa línea? ¿No es acaso bastante denigrante observar cómo el vista de aduana le revisa la valija a alguien? ¿Por qué no revisarle los bolsillos cuando entra a una estación de servicio para cargar combustible? Hasta la primera guerra mundial no había tal cosa como pasaportes. ¿No sería más civilizado permitir que las personas transiten por donde estimen conveniente sin pedir permisos y llenar papelería burocrática y sólo se los reprenda si violan normas que protegen derechos?

Cuando aludimos al mercado debemos evitar el antropomorfismo. A primera vista aparece como algo misterioso. Al decir que el mercado asigna, prefiere, etc., no debemos imaginar que se trata de un sujeto que piensa, habla y respira. Es una expresión que hace referencia a millones de arreglos contractuales entre personas concretas. El mercado es en este sentido un proceso en el que la gente elige, aunque una elección de naturaleza distinta de la que se lleva a cabo a través del mecanismo político-electoral. Bruno Leoni en un meduloso estudio sobre la materia explica que, aun en el mejor sistema democrático-republicano, la decisión política no puede ser bifronte. El canal legislativo debe resolverse por esto, aquello o lo de más allá, no puede ser todo a la vez. En cambio, en el proceso de mercado se satisfacen todas las demandas simultáneamente.

No son pocos los empresarios que se alarman por la arquitectura montada en base a prebendas que no sólo les dificulta seguir su vocación y convivir con los desafíos del mercado sino que advierten que esa mole vence y aplasta los cimientos de la sociedad abierta. No son pocos los que se dan perfecta cuenta de que, a la postre, no resulta viable un edificio que engendra incentivos con un brío inusitado para lucrar en perjuicio de los demás. No son pocos los empresarios que generosamente financian actividades intelectuales que contribuyen a revertir la situación. No son pocos pero, lamentablemente, tampoco son muchos. Son en realidad una ínfima minoría.

La fobia anti-capitalista, anti-mercado, anti-liberalismo o anti-sociedad abierta se funda en una versión groseramente deforme y contraria al espíritu y a los principios esenciales sobre los cuales opera el sistema. Los pseudoempresarios que declaman sobre la "libre empresa" y la competencia son expertos en el *lobby* de los pasillos oficiales para bloquear la competencia. Declaman sobre las virtudes del "sector privado" como si la piratería no fuera también privada. Una porción sustancial de sus reuniones de directorio la destinan a una pesquisa fundamental, cual es la información sobre los contactos logrados en el mundillo político para incorporar mayores privilegios, consolidar los anteriores y planear nuevos embates al bolsillo de sus congéneres quienes siempre financian los desaguisados que produce el privilegio. Estas actitudes se extienden a todas las reuniones sociales en las que los cazadores de favoritismos inauditos celebran frívolamente sus correrías, con lo que van tejiendo una espesa capa purulenta que contribuye a extinguir el proceso de mercado, paradójicamente, en nombre del mercado.

Así es como quienes juegan al rol del empresario y quienes integran el elenco del poder político se retroalimentan atendiendo intereses subalternos de ambas partes confabuladas contra el interés general mientras proclaman a los cuatro vientos que se desviven por atenderlo. Los personajes cambian pero el mecanismo perdura como un siniestro carrusel en el que los inquilinos circunstanciales son cómplices para ordeñar la vaca estatal cuyas ubres están formadas por las personas fuera del *establishment*, es decir, la inmensa mayoría de los mortales.

Muchos percances y penurias habían tenido que absorber mi amable invitante y sus familiares a raíz de dosis crecientes e incesantes de doble discurso. Algunos se dedicaban a la venta ambulante y también recurrían a la bicicleta para recorrer largas distancias. Muchas veces se trata a la chacota o con sorna y desprecio a los vendedores ambulantes sin percibir que están incluidos en la categoría de verdaderos empresarios, quienes deben atender a su clientela para tener éxito y operan sin capacidad alguna de *lobby*. Se ubican a millas de distancia de aquellos impostores que pasan por adalides de "la empresa privada" mientras esconden su majadería y sus posesiones malhabidas en los tremendos faldones del poder para así arañar el pan del prójimo. Pero, por los motivos antes apuntados, no es a ellos a los que se dirige el grueso del reproche sino al sistema que lo permite, el cual sólo puede cambiarse a través de una modificación en el clima de opinión y, a su vez, esto sólo puede lograrse explicando el problema con claridad.

Mi conversación aquella mañana en Chichicastenango terminó con una traumática confesión. Lo que más me dolió —me dijo con voz entrecortada el anciano jefe de familia— es que el patrón se burló de nosotros porque lo oí en un almuerzo festejar a las carcajadas la aprobación de la (consabida) ley que "nos permitirá llenarnos la bolsa sin que la mayoría de los *chapines* se dé cuenta qué ha pasado". (Pensé por mis adentros que ni siquiera esos rapaces tuvieron la decencia y la precaución de constatar que el personal doméstico no estuviera presente.) En ese instante me pareció que el señorazo que tenía enfrente se transfiguraba y me pareció que hubo un cambio súbito en la iluminación del ambiente. Su cara se me hizo de contornos más nítidos. La luz que se filtraba por la abertura —no sé si llamarla ventana— en un momento dado dio de lleno sobre el personaje, lo cual lo convirtió en una figura imponente y hasta diría majestuosa. Su cabellera y sus cejas tupidas de un gris opaco contrastaban con su tez oscura y lampiña. Brotaron de sus ojos dos inmensos lagrimones al tiempo que, curiosamente, dejaba entrever un atisbo de sonrisa que

me pareció insólitamente comprensiva. Noté en el resto
de los presentes posturas tensas que advertían la intensidad del momento. Apreté las mandíbulas y, sin plan
claro, me fui incorporando lentamente. Noté que mi
contertulio hacía lo mismo y sin cruzar palabra nos
confundimos en un abrazo que sentí eterno y absolutamente necesario para calmar una especie de pinchazo
agudo que sentía en el alma. Para echar mano a una expresión muy elocuente de Unamuno, en esos instantes
tenía "arada el alma". El dolor tardó en disiparse aunque tiende a revivir con el recuerdo.

El drama de la drogadicción
y la guerra a los narcos

Siempre eligió los peores amigos a pesar de los esmera-
dos y reiterados consejos de sus progenitores tendientes
a trasmitirle sólidos principios de conducta. Al comienzo
le resultaban chocantes algunas de las conversaciones y
propuestas pero luego entró por la variante del "efecto
acostumbramiento". Federico tenía veinte años, hace
unos meses se había ido de su casa. Alquilaba un cuarto
que más bien se parecía a una pocilga. Acababa de
mantener una pelea que consideraba definitiva con
su novia. Esta ruptura y una discusión bastante subida
de tono con sus padres y hermanos habían ocurrido por
el mismo asunto: drogas. Era un dependiente sin el suficiente coraje ni el carácter mínimo como para cortar

con el vicio. En ningún orden de su vida demostró entender ni remotamente aquello de *no pain, no gain*. Antes de probar la droga había cometido varias tropelías de cierta gravedad pero siempre se reía a sus anchas cuando el chicanero de su abogado alegaba "demencia" con lo que lograba eludir la cárcel.

Los "viajes" que le habían proporcionado distintas drogas nunca resultaban suficientes, necesitaba dosis mayores o cambiar a psicoestimulantes de mayor envergadura para evitar las "pálidas". Su deterioro físico se acentuaba a pasos agigantados. Un médico ya le había advertido sobre la devastación orgánica que sufría y la masacre neuronal y las consecuentes lesiones cerebrales irreversibles que se estaba infligiendo. A pesar del distanciamiento con su familia, ésta le ofrecía todo tipo de ayuda que era sistemáticamente rechazada.

Un psicólogo, que intentó la peculiar y muy generalizada teoría de endosar la responsabilidad del problema a su entorno familiar, se vio obligado a abandonar la empresa porque no había por dónde agarrarse en esa política de evasión de responsabilidades. Desde luego que la herencia genética y el medio ambiente influyen en las personas pero no las determinan. No somos como máquinas cuyo *input* determina el *output*. Si fuera así la moral, la libertad y la responsabilidad individual carecerían por completo de sentido. Ni siquiera podríamos

69

argumentar a favor del determinismo, puesto que la otra parte estaría determinada a pensar cómo piensa. Más aún, carecería de sentido la propia argumentación en cualquier dirección que fuera, ya que para ello se requiere que el sujeto pueda revisar sus propios juicios. Los conceptos de verdad y falsedad no tendrían cabida en un mundo determinista. Como se ha hecho notar, si la mente fuera al cerebro lo que la savia es al árbol, no existiría tal cosa como proposiciones verdaderas o falsas del mismo modo que la savia no es verdadera o falsa, simplemente es. De cualquier manera, en nuestro caso, el ámbito familiar había proporcionado todo lo mejor, de modo que el psicólogo en cuestión vio frustrados sus malabarismos dialécticos para encontrar algún resquicio por donde filtrar su tesis de la irresponsabilidad.

Ese día Federico sufría de intensos dolores musculares, se le había acentuado el estado de angustia, sabía por su visión que tenía las pupilas dilatadas, sentía escalofríos, la transpiración era abundante y segregaba gran cantidad de líquido por los ojos y la nariz, la frecuencia respiratoria se había acelerado, no podía dejar de moverse debido al convulsionado estado de agitación e intranquilidad que lo invadía, ni podía evitar el estado de incontinencia que lo llevaba a hacer sus necesidades en la cama. Por otra parte, ya no tenía fuerzas para levantarse. Ya había padecido serios trastornos sexuales, pérdida de la memoria y sufrido estados de alarmante agresividad.

El síndrome de la abstinencia estaba entremezclado con "efectos rebote", momentos de pánico, fruto de delirios de persecución y comas profundos. Todo terminó en colapso cardiovascular y paro respiratorio. La autopsia reveló nuevamente lo que les ocurre a los jóvenes en casos similares: un deterioro visceral de tal magnitud comparable al que se observa en personas muy ancianas, con el agravante de mostrar lesiones que éstos no presentan.

He modificado mi opinión en lo que se refiere al modo en que debería tratarse el problema de la droga. En uno de mis libros, publicado ya hace casi quince años, sustentaba una posición que luego maticé en otro libro mío de más reciente data. En este último caso —era la transición intelectual— circunscribía mi atención a lo que a mi juicio debería suceder a medida que se extiende la asignación de derechos de propiedad privada. Cada uno debería poder hacer lo que le plazca en su propiedad, siempre y cuando no lesione derechos de terceros. En un club las normas pueden prohibir que la gente ande desnuda o drogada, en otro puede disponerse lo contrario y, de este modo, no habrá conflicto alguno. En el primer libro, en cambio, estaba suponiendo equivocadamente que las drogas alucinógenas para usos no medicinales convertían a los consumidores en seres alucinados y peligrosos para el prójimo: un peligro "manifiesto y presente" para usar la fórmula del juez Holmes.

Me doy cuenta que éste es un completo error. Quien le da a la droga usos no médicos se estará dañando pero no implica que se convierta en un asesino. Las dosis pueden ser muy variadas y la reacción de los distintos organismos también es muy diversa. Suponer que la droga alucinógena necesariamente y en cualquier proporción hace que el sujeto pierda el control sobre sí mismo resulta similar a referirse al alcohol como una droga "emborrachóloga" que en cualquier dosis hace que el sujeto pierda el control sobre sí mismo. El uso de expresiones de esa índole induce a pensar que hay un nexo causal entre la droga y la borrachera o la alucinación.

Nunca discutí el principio de que cada persona tiene el derecho a hacer lo que considere pertinente con su vida. Nadie debería tener la facultad de manejar vidas ajenas. Cada uno responde ante su conciencia. Sin duda que hay comportamientos que pueden poner en peligro la seguridad de otros. Si mi vecino está maniobrando con fósforos y explosivos o si su hijito está jugando con un cañón antiaéreo en la medianera de mi casa, tendré el derecho de denunciarlos y que se proceda en consecuencia para remediar la situación. También quienes habitan las casas lindantes a la mía protestarán justificadamente si me excediera en la emisión de decibeles o monóxido de carbono.

Sostener que el poeta que se cree "más inspirado" consumiendo marihuana es un homicida en potencia, constituye una presunción a todas luces gratuita, probablemente tan infundada como decir que el habitante del altiplano que masca coca es un sujeto peligroso (aunque por cierto sea muy distinto el efecto que ambos productos producen sobre el organismo). Estrictamente una droga es una sustancia que provoca cambios orgánicos y anímicos, a diferencia de las sustancias puramente nutritivas. Como queda expresado, tanto lo primero como lo segundo puede ser de muy diferentes tipos y combinaciones e ingerirse, inyectarse o inhalarse en muy diversas dosis. Según sea lo uno y lo otro serán las correspondientes reacciones de cada organismo.

De lo anterior no se desprende que cada uno pueda hacer lo que le parezca en la propiedad de otro y tampoco en lo que habitualmente se denomina "propiedad pública" aunque se trate de propiedad privada. Por ejemplo, en un centro comercial o en una autopista privada cualquier manifestación de intoxicación será probablemente reprimida. Más aún, en los casos de propiedad pública propiamente dicha, aunque esto estará sujeto al voto de mayorías y minorías circunstanciales, mi voto estará del lado de quienes sostienen que las manifestaciones de intoxicación deben ser punibles, del mismo modo que debe detenerse y multarse a quien se pasea desnudo por la vía pública. De más está decir que esto no significa que no se pueda tomar alcohol ni drogarse antes de salir a la calle, apuntamos a señalar las consecuencias visibles de la intoxicación (que a los efectos resulta irrelevante si se produjo con gasolina, jarabe para la tos o con tranquilizantes).

Estas reflexiones no desconocen lo malsano de las drogas alucinógenas para usos no medicinales cualquiera sea la dosis que se consuma, ni tampoco lo destructivo que significan cosas tales como el cigarrillo. Apuntamos solamente a que el ingerir, inhalar o inyectarse ese tipo de drogas no significa que la persona se convierta en un criminal. Personalmente creo que hay muchísimas cosas que resultan peligrosas y dañinas para la persona: el automovilismo, el ala-deltismo, el alpinismo, algunas dietas perversas, el trapecio sin red y otros tipos de acrobacias etc., etc., pero esto no quiere decir que haya que prohibirlas. Cada uno debe asumir la responsabilidad por sus decisiones. Ésa es la vida, lo contrario es un calabozo.

Claro que, como ya hemos dicho, la contrapartida de la libertad es la responsabilidad. Si alguien infiere un daño a un tercero habiendo ingerido previamente estimulantes, este hecho debería constituir un agravante y no un atenuante como sucede en muchos casos. Como bien explica Randy E. Barnett "La utilización de sustancias que alteran la mente mientras se comete un delito puede *reducir* las consecuencias legales de dicho acto porque, o bien afecta la capacidad de probar *mens rea* [conciencia del inculpado], o porque se han creado estatutos especiales para tratar con el delincuente 'adicto'. La perversidad [de esta legislación] está en castigar a los consumidores de drogas más severamente que a quienes ingieren bebidas alcohólicas —en parte por temor a que cometan delitos—, pero si en efecto cometen un delito no se los castiga, o el castigo es menos severo que el impuesto a otras personas por cometer el mismo delito".

El argumento referido a los derechos de otros resulta medular para no prohibir el comercio y el uso de drogas. Ahora quisiera agregar trece reflexiones adicionales que muestran los graves inconvenientes de prohibir las drogas a que nos venimos refiriendo.

Primero, la penalización por la tenencia, comercio y consumo de estupefacientes (bien puesto el calificativo) hace que el precio de la droga suba debido a la prima por el riesgo de operar en el mercado negro. La cruzada contra la droga es de tal envergadura que el riesgo es grande y, consecuentemente, los márgenes operativos son enormes: en algunos casos son de hasta el 2000% y es común que vendedores ambulantes obtengan 2.500 dólares diarios por las ventas realizadas. Los pagos que reciben los productores de Bolivia, Perú, Turquía, Laos o Paquistán resultan mínimos comparados con las suculentas ganancias de los que ponen el producto a disposición del consumidor final. Esto desde luego estimula el incremento de la producción y elaboración de las drogas en cuestión.

Segundo, debido a lo anterior aparece como económica la producción de productos sintéticos de efectos inmensamente más potentes y devastadores que los productos naturales. Así hace su irrupción el *crack*, el *china white*, el *ice*, el *coco snow*, el *synth coke*, el *crystal caine*, etcétera.

Tercero, también como consecuencia de los abultados y exorbitantes márgenes operativos anteriormente mencionados surge la figura del *pusher* con incentivos descomunales para conseguir más adeptos en todos los mercados posibles, especialmente entre la gente joven siempre más dispuesta a ensayar lo nuevo, sobre todo si la mercadería se presenta con características poco menos que redentoras.

Cuarto, en los casos en los que se produce la lesión a un derecho hay un victimario y una víctima. Esta última o personas próximas denuncian la agresión y pretenden el castigo y la recompensa correspondientes. En el caso que nos ocupa, debido a que se trata de arreglos contractuales libres, no hay víctima del atropello a un derecho ni victimario, por tanto, debe recurrirse al *soplón* y también al espionaje y consecuente invasión de la privacidad y de los derechos de las personas, lo cual incluye exámenes de orina, sangre, revisación de bolsillos y carteras, olfateo por parte de sabuesos entrenados al efecto, violación de la correspondencia, del domicilio y del secreto bancario, oír conversaciones telefónicas privadas, detención de personas por llevar "demasiado" efectivo, detenciones arbitrarias por sospechas infundadas, además de violencias físicas de muy diversa índole y magnitud, todo lo cual, de más está decir, se realiza en la mayor parte de los casos contra gente que nada tiene que ver con la droga.

Quinto, toda persona que desee drogarse es obligada a entrar necesariamente en el circuito criminal, con lo que se expone a todo tipo de vandalismos al tiempo que es permanentemente invitada a incorporarse a las bandas.

Sexto, debido a las sumas astronómicas que manejan los narcos, existe una permanente presión para corromper a policías, jueces y gobernantes incluyendo en primer término a lo que era la FBN (Federal Bureau for

Narcotics) y lo que ahora es la DEA (Drug Enforcement Administration). Se llenan libros y libros con las listas de los corruptos que están supuestos de librar la "guerra" a los narcos pero que en verdad cubren sus operaciones y sus espaldas. Y eso que estos volúmenes solamente se refieren a los casos que se han descubierto en los intrincados vericuetos del poder. La propia DEA estima que los narcos, solamente en los Estados Unidos, incrementan su patrimonio a razón de 5 millones de dólares por minuto.

Séptimo, el costo de la antedicha guerra lo deben sufragar coactivamente todos los contribuyentes. Por ejemplo, en Estados Unidos, sólo en el último ejercicio fiscal el gobierno federal gastó 16 mil millones de dólares en esta cruzada en la que la gran mayoría de los ciudadanos debe pagar para combatir forzosamente al porcentaje minoritario que decide intoxicarse. Esto implica un fenomenal despilfarro de recursos si se observa el creciente mercado de la droga, además de las antes mencionadas lesiones a los derechos individuales.

Octavo, el atractivo del "fruto prohibido" hace de incentivo adicional, especialmente en los colegiales. Esto fue lo que también ocurrió en los Estados Unidos con la Ley Volstead, más conocida como Ley Seca, que requirió una enmienda constitucional y que duró desde 1920 hasta 1933. Esta cruzada contra el alcohol (que ya se había insinuado en 1869 con el Partido de la Prohibición) tuvo que abandonarse porque terminó en una catástrofe y en un estímulo enorme para la mafia. Un símbolo de la derrota es el hecho de que Elliot Ness festejara el fin de la guerra *con un trago*.

Noveno, cada vez más la guerra antinarcóticos abarca territorios mayores. Hay ciudades en las que la balacera entre fracciones rivales y con la policía convierte en imposible la coexistencia. ¿Por qué no hay tiroteos entre los vendedores de pollos o de relojes y sucedió con el alcohol y ahora con las drogas? Por la prohibición, por la manía de manejar vidas ajenas y por la incomprensión de que la fuerza sólo debe utilizarse con carácter defensivo y nunca ofensivo.

Décimo, las municiones que vuelan por los aires y que hacen la vida imposible a ciudadanos pacíficos aparecen también debido a que las diferencias que puedan suscitarse en las operaciones comerciales de marras no pueden resolverse en los tribunales, ya que la droga está prohibida, lo cual tampoco permite procesos evolutivos de arbitraje debido, precisamente, al estado bélico permanente.

Onceavo, en algunos lugares se restringe también por ley el uso de jeringas, lo cual conduce a un espeluznante efecto multiplicador del SIDA y otras enfermedades infecciosas.

Doceavo, el engaño que se estimula a través del lavado de dinero o blanqueo de capitales, fruto del comercio con la droga, con lo que operaciones que aparecen como inocentes terminan por envolver a personas ajenas al negocio de estupefacientes. La Financial Task Force of Money Laundering estima que el 70% del dinero que se lava en el mundo es el resultado del narcotráfico (el resto es principalmente la extorsión, el terrorismo, el secuestro y la corrupción de gobernantes). La declaración de domicilios fuera del país en el que se quiere lavar dinero y la posterior transferencia a bancos locales y la subfacturación se usan como instrumentos para infiltrarse en negocios de todo tipo. Solamente en México este tipo de operaciones asciende a 15 mil millones de dólares por año.

Por último, treceavo, retomando el tema con que abrí esta sección, pero ahora visto desde una perspectiva metodológica, nos permite discutir el supuesto nexo crimen-drogas. En primer lugar, como es sabido, el correlato no significa relación causal. Así se ha mostrado correlación perfecta entre el uso de la minifalda en Londres y la producción de cerdos en Australia, lo cual, claro está, no quiere decir que cierta moda femenina causa la elaboración de carne porcina (ni viceversa). Pero en el caso que estamos considerando ni siquiera se manejan las estadísticas correctamente para demostrar la existencia de correlaciones. Esto es así debido a que se muestra la alta participación de drogadictos en diversos crímenes cuando lo relevante para el caso es mostrar el porcentaje insignificante de drogadictos que cometen crímenes. En otras palabras, del total de criminales hay un elevado porcentaje que se droga pero del total de drogadictos hay una proporción muy minoritaria que comete crímenes (como lo demuestran, entre otros, Bruce L. Benson y David W. Rasmussen en su trabajo sobre crímenes y drogas).

Hay un problema metodológico serio en la forma de presentar la antedicha correlación. El problema se plantea mal. Se presenta una anomalía. Se trata de un error de inclusión. Se toma el universo de crímenes y se compara con la sub-clase de drogados, cuando el planteo correcto exige que se pregunte qué participación tiene la sub-clase de crímenes en el universo de drogados. Por otro lado, es de interés destacar que la proporción de crímenes realizados por no drogados es poco más alta que la realizada por quienes recurren a la droga. Tampoco hay que dejar de lado los malos comportamientos (incluyendo crímenes) que se cometen como consecuencia de que al actor *simplemente le da la gana* de comportarse de ese modo incivilizado.

El drama de la drogadicción debe combatirse por medio de las asociaciones civiles, las iglesias, la publicidad sufragada con recursos propios y demás emprendimien-

tos individuales tendientes a persuadir a los drogade-
pendientes de los daños que se infringen, pero nunca a
través de la violencia generalizada.

Cuando se exhiben estadísticas que muestran que en
Holanda es menor el porcentaje sobre la población que
consume marihuana —lo cual está permitido en ese
país— respecto de los Estados Unidos, donde está prohibido y que (según ciertas estadísticas controvertidas)
el consumo de alcohol se redujo algo después de abro-
gada la Ley Seca, en realidad debe también señalarse
que esos números no prueban nada. Hay contrafácticos
fáciles de exhibir y, por otra parte, es perfectamente posible que liberada o no la droga la gente decida intoxicarse con más furor. Si la gente decide embrutecerse no
hay nada que desde la órbita de la fuerza se pueda hacer al respecto. Recordemos al Génesis y que cada uno
puede condenarse o salvarse según lo crea conveniente.
De todos modos, conviene tener en cuenta para quienes
están preocupados porque la liberalización de la droga
hará que baje sustancialmente su precio (y, por tanto,
será más barato drogarse) que durante la prohibición el
costo de la adicción es cero ya que los *pushers*, movi-
dos por los antes mencionados incentivos descomunales, frecuentemente la regalan hasta conseguir drogade-
pendencia.

No hay nada más peligroso que los cruzados que en

alianza con el poder pretenden la pureza del prójimo. Esto siempre termina en el cadalso. Lysander Spooner explicó muy elocuentemente en 1875 que "los vicios no son crímenes", dijo que "los vicios son aquellos actos en los que el hombre se daña a sí mismo o a su propiedad. Los crímenes son aquellos actos por los cuales un hombre daña a otro o a su propiedad". El senador Volstead —autor de la llamada Ley Seca— acompañó esa legislación con un mensaje en el que se leían cosas tales como que debido a la ejecución de su proyecto "todos los hombres volverán a caminar erguidos, sonreirán todas las mujeres y reirán todos los niños. Se cerrarán para siempre las puertas del infierno". Pues bien, se abrieron las puertas del infierno y por eso es que cuando se abandonó la cruzada en 1933 el gobierno estadounidense declaró que la ley de referencia produjo "injusticia, hipocresía, criminalización de grandes sectores sociales y corrupción abrumadora". La exaltación de "los puros" aliados al poder constituyen una de las peores amenazas para la sociedad civilizada. Es como ilustra Albert Camus con la exclamación de Marat "¡Ah, qué injusticia! ¿Es que hay alguien que no comprenda que lo que yo pretendo es cortar las cabezas de unos pocos para salvar las de muchos?". La historia está plagada de estos criminales que se presentan con las más angelicales pieles de cordero "para redimir" a sus congéneres a fuerza de lanza y bayoneta.

En verdad, los documentos y registros de diversas épocas revelan que drogas de muy diverso tenor se utilizan desde 2000 AC por motivos religiosos, médicos y alegando "placer". Salvo pequeños paréntesis como los que marca la guerra del opio a mediados del siglo pasado, hasta principios del presente siglo cualquiera podía comerciar y consumir libremente drogas. Después vino la lucha oficial declarada, que ya lleva más de treinta años con resultados cada vez peores. Por esto es que muchas personas influyentes patrocinan la liberación de las drogas.

Veamos unas pocas declaraciones en este sentido a título de muestra. Milton Friedman: "Las drogas son una tragedia para los adictos. Pero la criminalización de su uso convierte esa tragedia en un desastre para la sociedad, indistintamente para usuarios y no-usuarios" (*Wall Street Journal*, septiembre 7 de 1989). Thomas Szasz: "El aparente objetivo de estas restricciones fue proteger a la gente de médicos incompetentes y drogas dañinas. El resultado real fue una pérdida de la libertad, sin el provecho prometido" (*Our Right to Drugs. The Case for the Free Market*, 1992). William F. Buckley: "La nuestra es una sociedad en la que mucha gente se mata con tabaco y con borracheras. Algunos lo hacen con cocaína y heroína. Pero deberíamos tener presentes todas las vidas que se salvarían si la droga mortal se pudiera vender al precio del veneno para las ratas" (*Washington*

Post, abril 1 de 1985). En uno de los editoriales de *The Economist* de su edición del 2 de septiembre de 1989 titulado "Misión imposible" se lee que "La prohibición [de las drogas] y su inevitable fracaso, convierte a un mal negocio en uno rentable, criminal y más peligroso para los usuarios". El *Newsweek* del primero de enero de 1990 bajo la firma de Rufus King concluye con un enfático pedido para que se legalice la droga en vista de tanto desastre. David Boaz ha recopilado buena parte de estas voces de alarma, Enrique Ghersi se ha preocupado por difundir los fundamentos por los que resulta imperioso dejar de lado esta guerra suicida y Carlos Ball le ha dado amplia repercusión periodística a la tragedia que agrega la lucha gubernamental contra las drogas a los problemas de por sí inherentes a la adicción. En una conversación con Agustín Navarro en México, me relataba distintas experiencias ocurridas en ese país. Debido al interés del tema, le sugerí que escribiera un libro. Me dijo que se lo había propuesto pero que desistió en vista de las reiteradas amenazas que sufrió su familia debido al proyecto, *todas provenientes de los narcos* preocupados por la tesis que allí se exponía de liberar las drogas, lo cual los dejaría sin negocios.

En una sobremesa con el ex ministro de Justicia de Colombia (Fernando Carrillo-Flórez) me dijo que, aun comprendiendo mis argumentos en pro de la liberación de las drogas, no compartía la medida debido a que im-

85

plicaría dejar sin efecto la prisión decretada a muchas personas que habían cometido "delitos conexos" como el secuestro, el asesinato y la mutilación para abrirse paso en el negocio del ramo. Le manifesté que si fuera un delito jugar a la bolita y en otro momento se abroga la legislación que lo tipificaba, debido a que la retroactividad de la norma en materia penal se aplica cuando resulta más benigna para el imputado, los jugadores de bolita de nuestro ejemplo sin duda saldrían de prisión, pero no cabe esgrimir la figura del delito conexo para exculparlos si han descuartizado y violado como medio para proceder al tráfico de aquellos esféricos (o para cualquier otro fin).

Ludwig von Mises en su tratado de economía de 1949 dice con razón que "El opio y la morfina son ciertamente drogas nocivas que generan hábitos viciosos. Ahora bien, una vez admitido el principio de que compete al gobernante proteger al individuo contra su propia necedad, no cabe oponer ya objeciones serias a ninguna intervención estatal ulterior". En este sentido no sólo se refiere al alcohol y al cigarrillo sino que dice que ya que resultan más peligrosos los daños que el hombre se inflige a su mente que a su cuerpo, en esta línea argumental el estado debería ocuparse de impedirle que lea "libros perniciosos y que presencie detestables representaciones teatrales, que contemple pinturas y esculturas reñidas con la estética y que oiga música horrible". Mises resume su posición enfatizando el hecho de que esta visión de las cosas conduce a que el aparato de la fuerza se oponga a que se tenga acceso a ideas nocivas "sin duda, mucho más perniciosas, tanto para el individuo como para la colectividad, que todas las que pudieran derivarse del uso de drogas y narcóticos".

La des-educación de la educación oficial

Amaneció bastante frío a pesar de que estaban en el principio del otoño. Era el primer día de clase y también era la primera clase de su vida. Todo era nervios en la casa. Una tía y la abuela materna se habían quedado a dormir esa noche para ayudar en los preparativos del colegio del hijo mayor del matrimonio. La casa era muy grande y las habitaciones enormes y difíciles de calefaccionar, más aún tratándose de un frío no anunciado y fuera de temporada. Se las arreglaron con estufas de kerosene. El chico todavía se acuerda del olor con cierta aprensión lo cual le crea sentimientos encontrados porque también recuerda, esta vez con placer, el mismo olor en el campo en la época en que no había luz eléctrica.

Los hermanos subían y bajaban las escaleras corriendo, ofuscados como si hubiera un incendio. Los padres discutían acaloradamente entre sí. La tía trataba de calmar los nervios junto con una mucama y una tutora inglesa que intentaban hacer lo mismo con los chicos. La abuela finalmente se quedó dormida de modo que no participó en los agitados y, por momentos, histéricos prolegómenos del primer día de colegio.

Hubo un conciliábulo en el cual participaron casi todos sobre si convenía o no ponerle medias de lana al chico. Unos decían que se moriría de calor al mediodía, mientras que otros sostenían que había que protegerle la salud a cualquier costo. Finalmente prosperó esta segunda tesis y, efectivamente, a media mañana lo invadió una temperatura insoportablemente tropical lo cual hizo que se brotara en distintas partes del cuerpo.

Además del calor, fue un día complicado debido a la timidez del chico, junto al hecho de que se expresaba muy mal en el idioma nativo debido a que la antes mencionada tutora le había metido el inglés hasta el tuétano. Su conversación de Tarzán y su carácter introvertido prepararon el terreno para la chacota permanente por parte de los condiscípulos. Mirando ahora para atrás se da cuenta que ésa fue la primera vez que tuvo conciencia de ser una persona diferente del grupo. A partir de entonces, prácticamente sin solución de continuidad, sus participaciones en los muchos colegios por los que pasó tuvieron siempre en él rasgos, gestos y actitudes muy distintas de las de los demás. Y a medida que pasaba el tiempo, en lugar de sufrir como era al principio, comenzó a apreciar otras facetas para sacar partida de la diferencia de opiniones y de carácter, aunque después de pasar por la experiencia difícil de estar pupilo cambió en algo su retraimiento —tal vez debido a su entusiasmo por los deportes— y se hizo aparentemente más extrovertido, manteniendo siempre mucha vida interior, mucha autoconversación o *endofasia* para utilizar un término que acuñó Ortega.

En su trayectoria por el colegio —salvo dos años en el exterior que modificaron transitoriamente su inclinación hacia los libros— fue un estudiante más bien pésimo. Cada vez que lo llamaban a dar una lección era un drama. Sentía algo así como espasmos de coronarias cuando el profesor, recorriendo la lista con la mirada, se detenía, las más de las veces incidentalmente, en donde calculaba que estaba ubicado su nombre.

Mucho más adelante percibió que además de una vagancia natural había un problema con los programas de estudio "oficiales" que imponían catorce asignaturas por año tales como física, canto, química inorgánica, fisiología, dibujo, trigonometría, piano, literatura, y similares, todas para saberse al día siguiente. Visto desde aquí le parece que quien sostenía que sabía todas esas lecciones para la próxima jornada faltaba a la verdad. Ha podido comprobar que, con el correr del tiempo, no pocos de sus condiscípulos se debatieron en la frustración debido a la manía de hacer obligatorio un contenido de la enseñanza caprichosamente diseñado por un puñado de burócratas, en lugar de abrir el proceso a la competencia en cuanto a mezclas de materias, sistemas de promoción, etc. y así atender individualidades que reclamaban la exploración de rumbos muy diversos.

Su experiencia en el exterior le permitió una especie de pestañeada hacia otros horizontes. Lo sacó de la modorra y la rutina de su lugar de origen y lo transportó a otras dimensiones. Lamentablemente, después del interregno en el extranjero, volvió a las andadas y no tuvo más alternativa que encajarse nuevamente en el brete de la educación oficial. El colegio que le tocó mientras estuvo afuera tenía sólo cinco materias, tres optativas y dos que exigía esa institución que a su vez no recibía instrucciones de ningún "ministerio de educación". Más aún, no había en ese país tal cosa. Esa experiencia de cursar dos ciclos lectivos completos le hizo ver la importancia de contrastar distintas versiones y concepciones educativas en un proceso de constante prueba y error, abierto a las más variadas modificaciones que paulatinamente iban mejorando las marcas anteriores. Luego el sistema en ese país cambió para mal pero la lección quedó inscripta en el espíritu de ese chico. Mucho más adelante, cuando completó su doctorado, empezó a investigar el tema educativo, fue profesor universitario y escribió sobre las ideas que sentía como una creciente y empecinada ebullición en su mente.

En realidad, educación oficial es una contradicción en términos. Encierra el mismo sinsentido que aludir a la justicia verde o, mejor aún, revela la misma contradicción que el círculo cuadrado. Por definición, la educación es un proceso abierto en el que se aprende del contraste enmarcado en una secuencia siempre cambiante. De allí el progreso en el conocimiento. La literatura oficial, la prensa oficial, la historia oficial, la ciencia oficial son todos dislates de factura totalitaria. Por otra parte, estrictamente, la educación es un proceso que viene de adentro y es consecuencia del procesamiento interno de toda la experiencia que el sujeto adquiere en el transcurso de su vida. La enseñanza es un fenómeno externo que puede ser formal (el colegio y la universidad) e informal (el ámbito familiar es el más importante aunque no el único elemento que incide en este plano). En cualquier caso, en este contexto, el aditamento de "oficial" destruye por completo el significado del sustantivo.

Hay quienes sostienen con vehemencia que el monopolio de la fuerza debe por lo menos ocuparse de que se imparta una enseñanza mínima compuesta por asignaturas consideradas básicas. Pero es que si la gente considera que debe aprender ese mínimo es precisamente lo que hará. Por el contrario, si estima que debe estudiar otras cosas, no hay fundamento moral, ni jurídico ni económico para que proceda siguiendo los cánones establecidos por otras personas.

El conocimiento y los avances de la ciencia no se deben a la existencia del monopolio de la fuerza sino que, por el contrario, tienen lugar a pesar de esa existencia. El deseo de progresar no es un invento de los aparatos de violencia sino de las inclinaciones naturales de las personas.

Antes de la enseñanza formal, sin duda la persona debe alimentarse para sobrevivir y a poca gente se le ocurrirá meter al estado en estas cuestiones ya que las experiencias realizadas en este sentido han conducido siempre a las más espeluznantes hambrunas. Tampoco es frecuente la ocurrencia de que la estructura burocrática estatal establezca una dieta obligatoria para la población. Sin embargo, el caso de la educación o, más precisamente la enseñanza, parece ser distinto.

Ya hemos dicho que los seres humanos somos distintos en muy diversos planos. De lo que se trata es de aprovechar las potencialidades de cada uno y, para ello, nada mejor que el sistema tutorial: la relación un profesor-un alumno. Lamentablemente, por el momento, este procedimiento resulta sumamente oneroso, de allí es que se intenta amortizar el costo con la escala. Ésta es una de las razones básicas de los colegios y universidades o, puesto en otros términos, es la razón de la enseñanza en grupos. Tal vez en un futuro próximo estos costos se reduzcan drásticamente debido a la cibernética y así se puedan contratar tutores en diversas partes del planeta y comunicarse diariamente por teleconferencia.

De cualquier manera, nada justifica que se impongan programas y bibliografías a todos como si se tratara de una producción en serie. La competencia en la enseñanza es el *sine qua non* de una sociedad abierta. Distintas modalidades, mezclas de materias y formas de promoción constituyen requisitos indispensables para atender demandas muy variadas. Como señala Roger J. Williams, las diferencias aumentan cuanto más alta se encuentre la especie en la escala biológica, lo cual llega a su máximo en el ser humano. Karl Popper y Howard Gardner, entre otros, objetan la medición del coeficiente intelectual puesto que esto implica necesariamente un análisis parcial. No hay posibilidad de establecer un *ranking* universal de inteligencias, puesto que se trata de inteligencias diversas y no mayores o menores. Todos somos inteligentes, sólo que para cosas distintas. Esto parece ser la contracara de lo dicho por Einstein en cuanto a que "todos somos ignorantes, sólo que en temas distintos". Sin duda que resulta provechoso realizar *tests* para tareas específicas: para la incorporación a ciertos lugares de trabajo, universidades, etc. Pero allí se están evaluando *específicas* habilidades y no se está abriendo juicio sobre la inteligencia en general.

Entonces, a lo que debería apuntar la enseñanza es al aprovechamiento de la peculiar inteligencia y el interés que tiene determinada persona y no seguir los lineamientos y los criterios que coactivamente impone un conjunto de personas que circunstancialmente detenta el poder.

Muchas veces se dice que hay instituciones educativas privadas y estatales sin percibir que allí donde los ministerios de educación imponen programas y bibliografías todas son *de facto* estatales. En este caso, un colegio privado es aquel en el que la respectiva comisión de padres tiene registrada a su nombre la propiedad del edificio y deciden acerca de cosas tales como el tipo de uniformes que eventualmente usarán los alumnos o las actividades extra-curriculares que desarrollarán, pero el producto central que allí se expende —léase programas y bibliografías— es decidido por la autoridad gubernamental, *ergo* el colegio es en realidad estatal. Uno de los modos por los que se observa que se sortea este obstáculo como una defensa frente a la prepotencia del poder político es a través del creciente *home schooling* donde los padres, sus asesores y, en su caso, los educandos eligen el aprendizaje que estiman más conveniente según sea la vocación del candidato. Entre otros, *The Economist* (junio 6, 1998) documenta la notable cantidad de estudiantes que se incorporan a este sistema con el resultado de una marcada excelencia académica reconocida por las oficinas de admisión de las mejores universidades.

Las preguntas de los chicos son muchas veces comparables en interés a las de los filósofos, sin embargo hay adultos tan petulantes y memos que tratan con desprecio a los pequeños frente a sus interrogantes. En lugar de estimular el espíritu inquisitivo se ponen mordaces e irónicos con la evidente intensión de amedrentarlos y cohibirlos. Carl Sagan menciona algo así (lamentablemente bastante común en estos quehaceres): *¿la luna es redonda?* pregunta el chiquito *no, es cuadrada, tonto,* responde el pusilánime con músculos más desarrollados pero con sesos infradotados (el prefijo se queda corto). En otras ocasiones opta por contestar con un discurso sibilino que ni él mismo entiende, pero como es un acomplejado y no puede decir *no sé,* prefiere confundir a la criatura en lugar de confesar ignorancia.

Las preguntas nunca son idiotas. Las preguntas siempre pretenden ampliar el conocimiento —"un clamor por entender el mundo" dice Sagan— y por eso merecen consideración (para no decir reverencia). En la historia de la humanidad el interrogante que se abre con la ex-

95

presión *por qué* marca un corte decisivo, es nada menos que el *logos* por el que comienza la civilización. Habrá preguntas mal formuladas o mal planteadas, preguntas más desafiantes que otras, pero nunca imbéciles. Sólo las respuestas pueden ser imbéciles y lo serán menos en la medida en que el proceso del conocimiento se lleve a cabo en un clima que favorezca la aparición de semillas que den a parar en la extensión mayor de tierra fértil y así florezca lo mejor.

En los colegios de María Montessori se elimina la idea de grados o años en los que se dividen los estudios, puesto que la fundadora de este sistema sostiene que deben promoverse los jóvenes de acuerdo con sus peculiares potencialidades. Según ese criterio, si un chico es un genio en dibujo habrá que promoverlo hasta el máximo de sus posibilidades y no demorarlo porque el resto no puede dibujar una banana y así sucesivamente con matemáticas, literatura o lo que fuere. Muy lejos está de mi ánimo el sugerir que tal método se imponga. Estoy solamente ilustrando una perspectiva distinta como puede haber muchas otras, todas las cuales deben poder competir en una sociedad abierta. Como una nota al pie, no deja de ser sintomático que, como señala Aldous Huxley, el primer embate de Mussolini y Hitler contra la educación consistió en prohibir el sistema Montessori.

Se sostiene que la educación produce externalidades positivas y por eso es que el gobierno debe ocuparse del asunto. En primer término, debemos aclarar que muchas actividades producen efectos beneficiosos sobre terceros sin posibilidad de exclusión o internalización ya sea porque la tecnología no lo permite o porque no se desea, como es el caso de la mujer atractiva que hace de su atracción un objetivo. En cualquier caso, el beneficio para algunos no puede ser a costa del perjuicio de otros, puesto que esta situación implicaría que es posible utilizar a unos como medio para el beneficio de quienes circunstancialmente se acercan al favor oficial. Nuestros ingresos son en gran medida consecuencia de externalidades positivas, esto es, de la estructura de capital que generaron otros de lo cual no se desprende que el monopolio de la fuerza se deba apropiar del fruto del trabajo ajeno. Al manejar coactivamente recursos para destinarlos a la educación, se perjudica muy especialmente a los más necesitados debido a la malinversión que ello necesariamente implica, otorgándole otros destinos a los siempre escasos recursos, con lo cual cae la productividad y, consecuentemente, los ingresos. Entre otras cosas, la inversión que voluntariamente se realiza en educación es, precisamente, debido a las externalidades positivas que genera. Por otra parte, la intervención del gobierno, el exteriorizar el hecho de que es posible recurrir a la fuerza para "educar" convierte la externalidad en negativa.

La anterior argumentación en favor de la intervención gubernamental no deja de ser curiosa, ya que habitualmente se mantiene que el gobierno debe intervenir para internalizar coactivamente las externalidades positivas, de lo contrario, se continúa argumentando, nadie producirá el bien en cuestión o si se produce será en cantidades sub-óptimas. En estos casos se dice que se trata de un "bien público". Sin embargo, debe tenerse en cuenta que cuando se emplea la fuerza, es decir, cuando se opera en un sentido distinto de lo que hubiera ocurrido si las decisiones se hubieran adoptado voluntariamente y sin que medien lesiones de derechos de terceros, se está en una situación necesariamente inferior en eficiencia. No es nuestra intención incursionar aquí en el debate sobre los llamados bienes públicos, solamente señalamos que presenta una argumentación en una dirección opuesta a la aplicada para el caso de la educación.

Del hecho de que se sostenga que los contribuyentes deben financiar coactivamente la enseñanza de otros no se sigue que deban existir instituciones educativas estatales. Puede concebirse un sistema de créditos educativos o *vouchers* por medio de los cuales la persona que reúna las condiciones para estudiar pero no cuente con los ingresos suficientes se le otorgue el referido instrumento que aplicará al colegio o a la universidad privada que resulte de su agrado. Pero una vez demostrado este *non sequitur* aparece otro problema, cual es el indagar acerca de la injusticia que implica que las personas pobres que no reúnen las condiciones para aplicar a las ofertas educativas existentes deban pagar —vía fiscal— la enseñanza de chicos más ricos y mejor dotados. Todos pagamos impuestos, muy especialmente aquellos que nunca vieron una planilla fiscal quienes, debido a la succión que se le hace al capital a través de otros contribuyentes, ven mermar sus salarios. Armen A. Alchain enfatiza el atropello que significa el hecho de que a las personas que tienen desventajas naturales se les imponga esta tremenda desventaja adicional. Nuevamente, debemos recordar que no se respetan los derechos de las personas cuando se establece un sistema por el cual unos pueden utilizar a otros como medios para el logro de sus fines particulares.

Pero hay otra cosa más en relación con los *vouchers*. A veces no se los presenta simplemente a los efectos de que la audiencia perciba el *non sequitur* que hemos señalado, sino como un destino final. Otras veces se los presenta como una medida de transición desde el estatismo a ultranza hacia la libertad. Confieso que lo de las transiciones siempre me ha resultado un tema poco fértil y sumamente tedioso aunque admito que, en esta instancia del proceso evolutivo, deben considerarse y adoptarse en el nivel político, pero no comprendo que se propongan transiciones, componendas y medias tintas desde el costado intelectual. Ya sabemos que es mejor soportar una inflación del 60% que una del 1000%, pero si uno tiene clavada una espada en el vientre no se contenta con que se la saquen hasta la mitad, quiere que se la saquen del todo. Las metas son siempre móviles para los seres humanos que somos hospitalarios con ideas nuevas, pero en cada etapa del proceso de evolución cultural debemos apuntar a la meta circunstancial y no a quedarnos a mitad de camino o engañarnos pretendiendo que un paso equivale al trayecto. Ya sabemos que el político hace lo que le demanda y lo que le permite la opinión pública, de ahí aquella especie de definición tautológica de la política como "el arte de lo posible". Se hace lo que se puede, lo cual quiere decir aquello que al momento se entiende. Pero en el caso específico de los *vouchers* se ha puesto incluso en duda que sirva como política de transición y con mayor razón aparece la duda si se la considera como destino final, puesto que crea fuertes intereses creados en cuanto a la dependencia con el estado.

Esto es así porque operará una tendencia a expandir los *vouchers* debido a la creación de incentivos en esa dirección. Y no sólo por parte de los estudiantes sino por parte de las propias instituciones educativas ya que resulta más fácil contar con clientela que no debe realizar el esfuerzo de sufragar los costos correspondientes. Este interés en la expansión para facilitar el aumento de matrículas hace que finalmente el gasto público resulte mayor, y el fenómeno de estatización también debido a la mencionada dependencia. Por los mismos motivos, en la medida en que se expanden los *vouchers*, en esa misma medida, el gobierno va adquiriendo más peso en las instituciones educativas con lo que, tarde o temprano, influirá también en los programas educativos. Y tengamos en cuenta que los *lobbies* privados son más eficientes que los estatales (en este caso en cuanto al pedido de partidas presupuestarias). Entonces, lo que comenzó con la intención de separar al estado de la educación lo termina involucrando con un nuevo ímpetu.

Por esto es que concluimos con Ludwig von Mises que "En verdad, hay sólo una solución: el estado, el gobierno, las leyes en modo alguno deben involucrarse en la educación. Los fondos públicos no deben ser utilizados para tales propósitos. La educación de la juventud debe estar totalmente en manos de los padres y de asociaciones e instituciones privadas". De más está decir que del análisis que hacemos de los *vouchers* no se desprende que deban excluirse los *vouchers privados*. Muy por el contrario, como lo muestra James Tooley —quien nos proporciona una abrumadora evidencia empírica— el éxito notable de tales emprendimientos se ha extendido a muy variadas y enriquecedoras experiencias.

Ya hemos dicho en otras oportunidades que no es excusa suficiente el alegar "igualdad de oportunidades" para la intervención gubernamental en la educación, puesto que ésta no sólo no se logra sino que se terminan disminuyendo las oportunidades de los más carenciados. No se logra porque necesariamente se debe conculcar el principio de la igualdad de derechos (a veces denominado igualdad ante la ley) y al proceder de esta manera se disminuye el nivel de vida debido a que estas arbitrariedades consumen capital. *Igualdad de oportunidades e igualdad ante la ley son dos conceptos mutuamente excluyentes.* Si se enfrenta un lisiado con un atleta en un partido de *tennis*, para otorgarles igualdad de oportunidades habrá que maniatar al atleta con lo cual se habrá conculcado su derecho. En una sociedad libre de lo que se trata es de que la gente tenga *más* oportunidades pero no iguales. La igualdad entonces es *ante* la ley, no *mediante* ella.

En realidad la gente no es educada porque existe un aparato de la fuerza, sino a pesar de ello. La violencia no educa sólo fomenta la irresponsabilidad. Muchas veces hay que hacer esfuerzos descomunales para que la juventud se olvide aquello que ha aprendido en instituciones estatales. Por la fuerza no se cultivan espíritus pacíficos. Por esto es que Mark Twain ha dicho lo siguiente que ilustra muy bien nuestra preocupación: *don't let your schooling spoil your education.*

Para concluir esta parte de mi discurso, destaco una verdad de perogrullo: que la supervivencia de la sociedad libre depende de que se comprendan y acepten los fundamentos sobre los que descansa. Se trata de un trabajo educativo permanente. En el momento en que se piense que la tarea ya está realizada, comienza el retroceso. Llama la atención cuando alguien dice que "completó" su educación en tal o cual universidad. La educación nunca se completa. Lamentablemente se encuentran mucho más fácilmente canales de financiación para llevar a cabo pesquisas "de coyuntura" que para estudiar y debatir los fundamentos de la sociedad abierta. Se pone la carreta delante de los caballos, como si se pudieran fabricar medicamentos sin saber nada de química o medicina. Este procedimiento es un buen camino para envenenar a la población. Lo mismo ocurre con esta desdichada competencia entre la publicación de mamotretos dedicados a zigzagueantes quehaceres y circunstancias atadas a la política frente a la poca disposición para dedicar tiempo y recursos a escudriñar las bases de un orden que hace posible la convivencia civilizada. Entre muchos otros, Julien Benda y Jacques Ellul nos advirtieron sobre los estragos de la politización en detrimento de las autonomías individuales.

Sacerdote disfrazado de economista

Se publicó en el diario otra de las largas cartas de lectores a que nos tiene acostumbrados la señora. Esta vez citaba, glosaba y hacía el panegírico de un encendido sermón del obispo con motivo de Pascuas y que luego fue publicado por una de las parroquias de la diócesis. No voy a reproducir toda la extensa pieza laudatoria pero vale la pena extraer algunas de las partes en las que se transcribe el sermón de marras.

En la parte pertinente, según la carta de lectores, el obispo habló así: "La tierra y los frutos que ella generosamente produce son un don de Dios y no pertenecen a ningún ser humano en particular. El hombre es sólo un administrador circunstancial. Todo debe ser compartido con nuestros hermanos con el mayor espíritu altruista. Las posesiones encaminadas a la especulación con miras al lucro constituyen males que claman al cielo. La ayuda al necesitado no es un simple acto de caridad ni debe ser visto como una limosna, sino que es un acto de elemental justicia por eso es que reclamamos con todas nuestras fuerzas la intervención de los gobiernos en la urgente e indispensable tarea de involucrar a funcionarios expertos con la energía que las circunstancias demanden para el establecimiento de una justa distribución de ingresos a los efectos de mitigar, y si fuera posible eliminar, el espectáculo grotesco de la escandalosa desigualdad de patrimonios que se observa por doquier en regímenes capitalistas. Se trata de una cuestión moral sobre la que la Iglesia ha dado testimonio durante dos mil años. La Iglesia es de los pobres. La virtud de la pobreza es el mensaje medular del Evangelio. Las ganancias obscenas, que utiliza el liberalismo para explotar a nuestros hermanos y así permitir que los peces grandes se devoren a los pequeños, constituye una de las características esenciales del proceso de darwinismo social que caracteriza a nuestra época. La reforma agraria, el crédito barato, el control de precios (incluyendo los alquileres) y la legislación antimonopólica y anti-*dumping* son sólo algunas de las medidas que deberían adoptarse de inmediato para revertir tanta miseria e injusticia social, situación en la que los explotadores ni siquiera reconocen a sus trabajadores el derecho a una vivienda digna y a una alimentación decente. [...]. La sobrepoblación exige que se contemplen políticas tales como la cogestión y la participación en las ganancias de las empresas, cuestiones que a la postre no son más que derivados del derecho natural, así como también, agregamos nosotros, que urge el control de la publicidad para evitar estragos tendientes a imponer necesidades que no son reales sino un invento maquiavélico de las empresas para expandir sus dominios y, por último, en este mismo campo, el establecimiento del derecho de réplica para salvaguardar el honor de muchas personas que se ven constantemente atropelladas por el periodismo inescrupuloso que al correr en pos de intereses comerciales subalternos dibuja hechos y denuncias sin fundamento alguno [...]. Nos alarma el rela-

tivismo y la inversión de valores prevalentes, consecuencia del capitalismo salvaje que, como eje central de
su nefasta filosofía, otorga una indiscutible prioridad al
bolsillo y a la pornografía respecto de los valores del
espíritu".

Así habló el obispo, quien, sin duda, tiene todo el derecho de expresarse como le venga en gana. Nada hay
más estúpido que sostener que a alguien que es de la
profesión A le está vedado opinar sobre B. Es útil que
la especialización se nutra de otros campos, entre otras
cosas, a los efectos de enriquecer el área en la que se está especializado. Pero existe también una falacia de generalización que consiste en suponer que una persona,
por el hecho de haberse destacado en determinado campo, necesariamente, debe conocer de otro. En este último caso se observa con bochorno cómo algunos sujetos
se prestan a comentar sobre cualquier cosa con lo que
naturalmente exhiben sus impudicias en medio de pape-
lones mayúsculos.

En el caso que comentamos, se ha sostenido que los sacerdotes debieran circunscribir su atención a cuestiones
del alma y que lo crematístico debiera dejarse a otros.
Desde la perspectiva de la sociedad abierta no hay tal li-
mitación. Si la feligresía se inclina por el primer criterio, simplemente no alimentará con recursos las actividades de los sacerdotes involucrados en tales prácticas,

ya que en una sociedad libre no hay tal cosa como la vinculación entre el poder y las iglesias (en los Estados Unidos, los padres fundadores ilustraron esta separación tajante con la expresión "doctrina de la muralla").

En las partes del sermón que he transcripto hay mucho que comentar, lo cual haremos enseguida. Pero de entrada digamos que el obispo critica duramente que la gente se ocupe del bolsillo en detrimento de lo espiritual, pero es precisamente lo que parece estar haciendo él mismo, puesto que en su alocución no se aparta ni por un instante de lo crematístico.

Veamos el tema por partes. Decir que la tierra y los frutos que produce no pertenecen a nadie es desconocer por completo el significado de la propiedad. Precisamente, como los bienes son escasos en relación con las necesidades que hay por ellos deben asignarse derechos de propiedad, ya que debe establecerse quiénes dispondrán acerca de los usos que se les dará. Los usos son alternativos por parte de múltiples dueños, algún criterio ha de establecerse sobre prioridades. Si todos los bienes y servicios crecieran en los árboles en cantidades que excedieran las necesidades que hay por ellos, no habría necesidad de prioridad alguna ya que se viviría en Jauja. Pero ésta no es la naturaleza de las cosas. El sistema de la propiedad privada hace que, a través del sistema de precios, se le den los usos más urgentes a los bienes. Si no es así el productor incurre en quebrantos y se ve forzado a traspasar de manos su propiedad. De lo contrario obtiene ganancias debido a que acertó en el gusto de los consumidores. Esto ocurre, desde luego, si no se otorgan privilegios, si se conceden, la propiedad opera en base a la distribución de las antes referidas dádivas y no de acuerdo con la eficiencia por servir al prójimo.

Robert Nozick critica la noción lockeana de "mezclar el trabajo" como fundamento de la propiedad. Así, se pregunta sobre la parte que le correspondería al astronauta que se posara en Marte. No resulta claro si sería dueño de la parcela que limpia o de todo el planeta. Del mismo modo, se pregunta de qué parte es dueño quien cerca un terreno desocupado: de la tierra que se encuentra debajo de la empalizada (¿hasta el centro de la tierra o hasta el otro lado? preguntamos nosotros) o si se convierte también en propietario de la tierra cercada aunque no haya mezclado su trabajo. En otros términos, debería precisarse hasta qué grado debiera trabajar cada grano de tierra (para no decir nada del subsuelo). Más aún, inquiere por qué es que el mezclar el trabajo otorga títulos y no simplemente hace que se pierda trabajo. Se pregunta si quien posee una lata de jugo de tomate la vierte en el mar mezclándose las moléculas de ambos líquidos ¿lo convierte en el dueño del mar o ha perdido lastimosamente el jugo? Si en cambio, continúa Nozick, la idea fuera que se agrega valor al bien a través del trabajo, debería replicarse, por ejemplo, que, en este esquema, si alguien que posee un valioso cuadro le arroja una lata de pintura disminuirá su valor pero no por eso habrá perdido la titularidad. Por el contrario, en todo caso, para seguir con este razonamiento, continúa argumentando el mismo autor, allí en donde el propietario hace que efectivamente se eleve el valor, éste debiera apoderarse del valor agregado y no de la totalidad del bien.

También Nozick refuta lo que se conoce como el *lockean proviso* por el que Locke mantiene que el derecho de propiedad existe siempre que quede suficiente para los demás, lo cual, en la práctica, derrumba su propia fundamentación. Invirtiendo la secuencia se observa que el que no dispone "de lo suficiente" no podría permitir que la persona más próxima a ella se apropie de aquello que le falta, con lo que esa persona no podría ejercer su derecho, quien a su vez fue afectada por una tercera persona al apropiarse de la propiedad del bien en cuestión y así sucesivamente en una interminable regresión con todos los bienes hasta llegar a los ocupantes originales quienes, por las mismas razones apuntadas, no tendrían derecho a propiedad alguna ya que serían los causantes de toda la antedicha concatenación, lo cual anula el sentido de toda propiedad.

Por esto es que Israel Kirzner ha sugerido que el derecho le corresponde al primer ocupante que descubre el valor de un bien escaso y exterioriza de modo claro y contundente su apropiación. A partir de allí las transferencias lícitas se realizan a través de arreglos contractuales de diverso tipo como la compra-venta y la donación (las ilícitas son a través del fraude y el asalto). ¿Se fijaron en lo contradictorio de la posición de quienes sostienen que el robo es el origen de la propiedad como si fuera posible robar sin que exista previamente un dueño? (además se le otorga una connotación peyorativa al robo cuando simultáneamente se pretende abolir la propiedad).

La propiedad en común no genera los incentivos necesarios para ocuparse del bien, al tiempo que no permite conocer las urgencias relativas respecto de usos alternativos e imposibilita el cálculo económico. Esto último es así debido a que al no existir propiedad privada, no hay precios y, por ende, no hay forma de asignar prioridades, no hay contabilidad ni evaluación posible de proyectos de inversión. El precio surge como consecuencia del uso y la disposición de lo propio. Si yo vendo un lápiz y alguien me lo compra en 10, quiere decir que ambos estamos usando y disponiendo de lo nuestro. Si una tercera persona nos obliga a realizar la transacción a un valor distinto, quiere decir que se ha lesionado nuestra propiedad y lo que surge no es entonces un precio sino un número arbitrariamente impuesto que nada significa a los efectos del cálculo: sea 1000 o sea 4 no responde a las estructuras valorativas de las partes contratantes.

Si se decidiera la abolición de la propiedad no podría contestarse al interrogante si conviene construir los caminos con oro o con pavimento. Si alguien insinúa que con oro es un derroche es porque recordó los precios relativos antes de procederse a la eliminación de la propiedad. Y no se trata de alegar razones técnicas ya que, como se ha dicho en reiteradas oportunidades, se puede fabricar agua sintética con dos moléculas de hidrógeno y una de oxígeno, no se procede en consecuencia porque resulta antieconómico y esto sólo lo podemos conocer merced a los precios los cuales aparecen debido a la existencia de la propiedad.

Los precios son como encuestas para detectar las preferencias de las personas. Si hiciéramos encuestas propiamente dichas habría que formular millones de preguntas según los muy diversos supuestos a los efectos de conocer cómo actuarían los encuestados. Si todos dijeran la verdad (lo cual constituye un supuesto poco probable), al momento de responder la última pregunta toda la encuesta es inválida debido a que las circunstancias se modificaron. Lo interesante del precio es que toma en cuenta todas esas circunstancias cambiantes, lo cual incluye perspectivas futuras según sean las correspondientes expectativas de consumidores actuales y potenciales. Es como un plebiscito diario de amplio espectro en el que los votos establecen las respectivas prioridades.

Por esto es que resultan contraproducentes los controles de precios. Pongamos un caso dramático. Supongamos que se trata de un laboratorio de productos farmacéuticos que vende un producto que resulta esencial para salvar las vidas de cierta población en la que se ha propagado una plaga. Si el gobierno impone precios máximos (es decir inferiores al precio de mercado), lo primero que ocurrirá es que se expandirá la demanda puesto que un precio inferior permite que un número mayor de personas puedan adquirir el bien. Ahora bien, si sacamos una fotografía del instante en que se controlaron precios, debemos tener presente que no por el mero hecho de que aparece un número adicional de demandantes automáticamente se incrementará la oferta. Por tanto, en ese primer momento, habrá un faltante artificial, es decir, habrá un número insatisfecho de personas que tienen la necesidad más el poder de compra y, sin embargo, el remedio no se encuentra disponible.

En un segundo paso se observará que, debido al precio máximo, los márgenes operativos resultan más reducidos, lo cual, a su vez, hará que los productores marginales (los menos eficientes, pero eficientes al fin según los precios libres) se retiren de esa actividad. Esto es así debido a que los nuevos precios artificialmente impuestos estarán pasando una señal en la que se lee que esos productores marginales se han convertido en ineptos para seguir en ese renglón. Cuanto mayor sea la diferencia entre el precio de mercado y el precio político mayor será la cantidad de oferentes que serán persuadidos a retirarse. Esta contracción agudiza el faltante artificial con lo que aumenta la cantidad de frustrados que deberán discriminarse según el criterio de los que llegaron últimos a la cola, los más débiles para pelearse o lo que fuere.

Aumenta más aún el problema si nos detenemos a considerar lo que ocurre a continuación: el sistema de señales hace que se alteren las prioridades de la gente ahuyentando productores actuales y potenciales del área en la que requiere atención para combatir la plaga. Supongamos que antes del establecimiento del precio máximo, debido al urgente requerimiento de la droga en cuestión, los márgenes en esa área eran del siete por ciento y que el de las camisas era del cinco por ciento. Ahora que se impuso el precio político en el producto farmacéutico digamos que el margen operativo se redujo al cuatro por ciento. Veamos lo que ocurre. Mirando las señales de precios los operadores serán engañados ya que las prioridades se alteraron artificialmente. Ahora aparecen como prioritarias las camisas y en segundo

113

término los remedios de los que hablamos (o tercero, cuarto, según el nivel en el que la autoridad política establezca el precio o más bien número).

En resumen, con esta política se produjo una escasez artificial y se logró ahuyentar inversiones del área con lo que, en definitiva, se habrá matado a más personas. Entonces, cuanto más dramática sea la situación mayor necesidad de que los precios reflejen la realidad y peores serán las consecuencias de alterar estos indicadores vitales. Podrá maldecirse todo lo que se quiera sobre lo "perverso" de la naturaleza de las cosas y que no haya de todo para todos pero las cosas son así y no de otro modo. El consejo de extender los precios políticos a otros rubros como los alquileres de viviendas no hace más que extender los efectos dañinos a este campo, con lo que habrá más gente que no encontrará dónde alquilar debido a la expansión de pedidos, al tiempo que tendrá lugar una contracción de las ofertas correspondientes.

La gran ventaja de los precios de mercado en una sociedad abierta es que, cada vez que se adoptan, muestran al mundo cuáles son las prioridades y cualquiera puede irrumpir si piensa que puede hacer algo mejor. En otros términos, dada la estructura de capital vigente, se saca la mayor partida posible que las circunstancias permiten en el planeta.

El llamado crédito barato no hace más que reiterar la lección. Es el establecimiento de otro precio máximo, sólo que en este caso cuando se produce la contracción de los depósitos y la expansión de los pedidos de crédito debido a que la tasa de interés está artificialmente baja, los gobiernos pueden imprimir más dinero con la intención de cubrir el faltante lo cual se traduce en inflación que terminan pagando todos, especialmente los más débiles. De lo contrario simplemente se agudiza la escasez de crédito.

Por otra parte, las tasas artificialmente bajas —las manipuladas por los gobiernos— aparentan más ahorro del que en realidad existe. Es como si se hubiera modificado la preferencia temporal de la gente (la relación consumo presente-consumo futuro) lo cual hace que se sobreinvierta (en realidad malinvierta). Como esto es una fantasía, tarde o temprano el *boom* artificial termina en *crack* generalizado.

Respecto de la legislación antimonopólica que se reclama, es útil comprender que todo progreso comienza con un monopolio. Si hubiera una ley antimonopolio esto significaría que nadie podría descubrir nada puesto que el primero que lo hace sería penado. Lo que sí es sumamente nocivo es el monopolio impuesto por los gobiernos ya sean estatales o privados ya que éstos implican que, eliminado el privilegio que les da vida, el consumidor podría comprar a un precio más bajo, a mejor calidad o ambas cosas a la vez. Sin embargo, el monopolista que actúa en el mercado —es decir sin dádivas de ninguna naturaleza— es, al momento, el mejor de todo lo posible.

A veces se piensa que el monopolista puede cobrar el precio que quiera en el mercado abierto. Ello no es así. Tanto el monopolista como el que opera con varios competidores tratará en toda circunstancia de cobrar el precio más alto *que pueda*, pero nunca el *que quiera* ya que si esto último resultara posible el monopolista de pollos cobraría dos billones de dólares la unidad, lo cual haría que la demanda fuera inexistente. Lo anterior también va para los acuerdos entre productores: si el mercado es abierto otros sacarán partida del arbitraje y se quedarán con la clientela.

Tampoco es correcto dejarse llevar por el fantasma del *dumping*, al sostener que el productor puede bajar abruptamente los precios para quebrar a los competidores y luego provocar una suba sideral de precios. La venta artificial bajo el costo abre las puertas para que los competidores le compren a quien hace *dumping* y revendan en otros mercados con lo cual, en la práctica, estarán usando en su propio beneficio los costos del que pretenda la maniobra. Y si se trata de un producto *tailor made* (por lo tanto no puede comprarse y revenderse), simplemente los competidores continuarán vendiendo a precio de mercado ya que quien realiza *dumping* agotará rápidamente su *stock*. Esto es así debido a que solamente el precio libre limpia el mercado, a menos que quien venda en estas circunstancias bajo el costo también decida expandir su producción de tal manera que convierta el nuevo precio en el de mercado con lo cual abastecerá toda la demanda. Esta última situación indudablemente beneficia a los consumidores ya que el productor actúa como un genuino benefactor. Pero ni bien decida levantar la inversión realizada en las plantas o lo que fuera, abrirá las puertas para nuevos negocios para otros volviendo a fojas cero.

La reforma agraria tampoco resuelve ningún problema sino que lo complica en grado superlativo. El argumento que habitualmente se esgrime para recurrir a este tipo de políticas consiste en que la propiedad no está adecuadamente explotada. De más está decir que resulta muy arbitrario el decidir por canales políticos qué está bien y qué está mal explotado. Sustituir el mercado por el criterio de los burócratas inexorablemente termina en la pura arbitrariedad ya que no hay criterio racional fuera de los procesos de asignación de recursos que van marcando arreglos contractuales libres y voluntarios que se expresan en los precios.

Pero, para facilitar el argumento, supongamos que la

propiedad está absolutamente inexplotada. Debe uno preguntarse por qué ocurre esto. Si se sobrevolara el planeta, se observaría que no sólo existen propiedades inexplotadas que son susceptibles de dedicarse al trabajo agrícola-ganadero sino que hay recursos marinos, forestales, mineros, etc., etc., que no se encuentran explotados. La respuesta es que el capital resulta escaso y, por ende, todo no puede explotarse simultáneamente. Pero la clave del asunto radica en comprender que sólo existen dos modos de decidir qué ha de exportarse primero y qué después: a través del mercado o a través de comités políticos. Como queda dicho, lo segundo equivale a la arbitrariedad y lo primero al aprovechamiento de los siempre escasos factores productivos. Desde luego que esto de la reforma agraria es una parcialización. La misma lógica conduce a la reforma industrial, urbana, etc. con los mismos efectos adversos que hemos comentado.

En este contexto, se cargan las tintas contra la especulación como una fuerza maléfica que hay que modificar a toda costa. Pero es que la especulación no es más que una implicancia de la acción humana. Yo ahora estoy especulando con que este discurso me salga claro. Los oyentes y luego los lectores especularán con no perder su tiempo al detenerse a considerar mis reflexiones. El estudiante universitario especula con adquirir conocimientos útiles y recibir el título. El que se acuesta a la noche especula con amanecer con vida. El viajero especula con llegar a destino. El que produce especula con la expectativa de un buen negocio. El que reza especula con la vida eterna. El que pronuncia un sermón especula con que los fieles entenderán y suscribirán el mensaje. Toda acción implica especulación.

También el que es caritativo con el prójimo especula con la satisfacción del destinatario. Conviene repasar un pasaje estampado en el primer libro que escribió Adam Smith en 1759 sobre filosofía moral (quien, en esta materia, siguió la tradición iniciada primero por Carmichael y luego por Hutcheson). En el primer párrafo de aquella obra se lee que "Por mucho que sea el egoísmo que se supone del hombre, hay evidentemente ciertos principios en su naturaleza que lo hace interesarse por la suerte de otros y considera esas felicidades necesarias para la suya propia, aunque no se derive nada para él excepto el placer de contemplarlas". Esta aseveración es del todo congruente con su idea de la "mano invisible" que hace que todos los seres humanos atentos a sus propios intereses benefician a los demás aunque ése no haya sido su propósito inicial (lo cual, como queda expresado, no excluye que la satisfacción del sujeto actuante resida en la realización de obras filantrópicas).

El fervoroso llamado al altruismo revela un espíritu noble pero, a nuestro juicio, mal encaminado. Según el diccionario el altruista hace el bien a otros *a costa* del propio bien. Esto contradice la naturaleza humana. Quien se ocupa del prójimo para hacerle bien lo hace porque le proporciona satisfacción, de lo contrario hubiera procedido en otra dirección.

En conexión con esto no puede decirse sin cometer un grave desliz conceptual que la ayuda directa al prójimo no es un acto de caridad sino uno de justicia. Según el legado lexicográfico de Ulpiano la justicia consiste en "dar a cada uno lo suyo". No hay justicia sin propiedad, ya que de lo contrario no habría tal cosa como "lo suyo" aunque se hable de "justicia social" remarcando una horrible redundancia ya que la justicia no puede ser vegetal ni mineral.

Lo que sí puede afirmarse es que existe un estrecho correlato entre caridad y libertad, ya que aquella sólo tiene sentido si se realiza con recursos propios y de modo voluntario, de lo contrario se trata de un saqueo y no de caridad (téngase en cuenta también que la limosna implica propiedad privada). Y la violencia no se disimula si la lleva a cabo el gobernante. Si observo que en la puerta de la casa de uno de ustedes hay un inválido que pide una limosna y el titular de la casa se la niega, no podría reconocerse como un acto de caridad el que yo irrumpa en la propiedad y arranque la billetera del dueño de casa y se la entregue al minusválido. En ese caso habré cometido un atraco, lo mismo hacen los gobiernos sólo que se hace con el apoyo de los tanques y bajo el paraguas de las políticas redistribucionistas, el "estado benefactor" y "la solidaridad".

Utilizar la beneficencia para enmascarar tales políticas degrada enormemente el significado de aquel acto noble, al tiempo que tiende a convencer a las personas que es misión del aparato de fuerza la ayuda al necesitado y que ellas no tienen ninguna responsabilidad en el asunto (además de dejarlas con menores recursos para estos y otros propósitos).

Si se sostiene que el redistribucionismo es un acto de justicia, el marco institucional se desdibuja y se desmoronan los incentivos para producir, al tiempo que se alientan aquellos que apuntan a esquilmar al prójimo.

La redistribución es una expresión adecuada ya que ilustra que el monopolio de la fuerza vuelve a distribuir coactivamente lo que el mercado ya había distribuido pacíficamente según criterios de productividad, maximizando ingresos y salarios en términos reales.

El proceso producción-distribución no es escindible. Se trata del anverso y el reverso de la misma moneda. La distribución es el destino de la producción, lo cual tie-

121

ne lugar en forma simultánea. Si se pretendiera redistri-
buir para nivelar en cierta marca, aquellos que saben
que se los expoliará en sus ingresos más allá de lo esti-
pulado, sencillamente no producirán esa diferencia y
quienes se encuentran bajo la línea distributoria espera-
rán que se los redistribuya por la diferencia la cual no
llegará ya que los primeros no produjeron lo necesario.

Esto ocurrirá en la medida en que se apliquen medidas
redistribucionistas aunque no se pretenda nivelar en
forma absoluta. La manía de la nivelación surge debido
a que se considera que la desigualdad de rentas y patrimonios constituye un problema. Pero no es así. Más
aún, la desigualdad cumple un rol fundamental. Indica
las posiciones relativas según sea la eficiencia de cada
cual para atender las necesidades de los demás. Y, a su
turno, esas diferencias patrimoniales permiten el mayor
aprovechamiento del capital que es lo que hace posible
que más personas se incorporen al mercado con mayores ingresos.

Por esto es que la metáfora del "darwinismo social" es
del todo inapropiada. La extrapolación del campo biológico al campo de las relaciones entre seres humanos
no corresponde. Darwin señalaba que las especies aptas
eliminaban a las ineptas. Ocurre exactamente lo contrario en el campo que estamos considerando: los más
fuertes trasmiten su fortaleza a los más débiles a través

de la acumulación de capital. Sin duda que, salvo en la filantropía, ésta no es una consecuencia buscada, se trata de una externalidad positiva que provee el proceso de mercado. Por esto es que condenar las ganancias y el lucro es como escupir al cielo, si en verdad lo que se busca es el bienestar de los más necesitados. Lo relevante es la mejora de todos y no el acortamiento o el ensanchamiento de las diferencias, las cuales dependen de las condiciones del mercado establecidas por los propios consumidores.

En el documento que estamos comentando aparece también una alusión a la sobrepoblación. Thomas Sowell se ha ocupado de refutar esta preocupación. Toma toda la población mundial, la divide por cuatro para tener familias "tipo" y la vuelve a dividir por las hectáreas totales del estado de Texas y esto arroja 628 metros cuadrados por familia. Esta operación aritmética la realiza para mostrar que no hay problema de sobrepoblación, lo que hay es una enorme incomprensión respecto de marcos institucionales que al no respetar los derechos individuales conducen a la pobreza. En este sentido señala que la densidad poblacional en Calcuta es la misma que en Manhattan y que la de Somalia es la misma que la de los Estados Unidos. En unos casos se habla de hacinamiento y en otros no, debido, precisamente, al tratamiento de los derechos.

Dijimos al comenzar este discurso que todo derecho tiene como contrapartida una obligación. Si mis ingresos son de mil, todos ustedes tienen la obligación universal de respetarme ese monto. Pero si pretendiera un derecho de dos mil aunque no me los ganara y si el gobierno me otorgara semejante "derecho" estaría imponiendo al resto la obligación de proporcionarme la diferencia, lo cual significa una lesión en los derechos de esos otros. Por esto es que "derechos" tales como a una vivienda digna o a la alimentación decente son pseudoderechos. No se pueden otorgar sin lesionar derechos. Son en todo caso una aspiración de deseos pero no se pueden incluir en los derechos sin afectar gravemente marcos institucionales civilizados. Lamentablemente la incomprensión es tan grande que hay hasta algunas constituciones que incluyen un listado de pseudoderechos.

Y no sólo eso sino que se argumenta que forman parte del derecho natural, como en el caso de la arenga del obispo que lo vincula a la cogestión y la participación en las ganancias. Se ha hecho un uso tan desaprensivo del concepto de "derecho natural" que conviene detenerse un instante en este concepto.

Todas las cosas tienen ciertos atributos por los que podemos distinguirlas de otras (si todo tuviera los mismos atributos no habría cosas diferentes). Los humanos también tenemos ciertos atributos y, como hice notar antes en relación con nuestro estudio y con lo que ahora estamos diciendo, debe destacarse la característica sobresaliente de la acción humana cual es el paso de una situación menos satisfactoria a una que le proporcione un estado más satisfactorio al sujeto actuante. No son, en este sentido, relevantes las opiniones de terceros. Y para que pueda producirse el tránsito aludido debe dejárselo actuar siempre y cuando no obstruya igual posibilidad a otros recurriendo al fraude y a la violencia. Éste es el sentido de decir que el hombre es dueño de su cuerpo y su mente y de aquel bien que descubre y se apropia, siempre, claro está, que no haya sido ocupado previamente por otro. De allí surge el sagrado derecho a la preservación de la intimidad. De allí surge la legitimización de los arreglos contractuales libres y voluntarios como medio de traspaso de la propiedad. La vida, la propiedad y la libertad es la tríada con que se define el centro del derecho natural (lo cual podría perfectamente resumirse en la propiedad ya que comprende los otros dos derechos).

Respetando estos principios y consecuente con la segunda fórmula del imperativo categórico kantiano, el hombre no es medio para los fines de nadie. En este sentido rechazamos el utilitarismo ya que la intención de medir "balances sociales" no sólo pretende usar a unos como medios para los fines de otros sino que la exótica idea de que resulta posible conocer todas las consecuencias queridas de los actos (para no decir nada de las no queridas) se traduce en una formidable presunción del conocimiento. Recurriendo a una especie de estratagema semántica se puede decir que es *útil* para la convivencia civilizada el respetar el derecho natural de cada uno. No hay objeción si se prefiere recurrir a este artilugio.

Por cogestión se entiende la administración coactivamente establecida por la autoridad gubernamental, del mismo modo que la participación en las ganancias alude a la imposición legislativa de distribuir resultados positivos entre quienes indique el gobierno del momento. La cogestión y la participación en las ganancias establecidas por el mercado son perfectamente lícitas, pero cuando el obispo se refiere a estas políticas apunta a la primera acepción ya que para esta segunda nada habría que decretar salvo la completa libertad de los actores en el mercado. Atar estas dos figuras al derecho natural como aparece en el sermón que reproduce la señora en la carta de lectores de referencia resulta una extravagancia que revela la confusión del autor y su simpatía por el ucase.

La coadministración y la distribución de utilidades forzosas conducen necesariamente a una malasignación de recursos ya que de haberse dejado a los actores en libertad se hubiera procedido en otra dirección, es decir, de acuerdo con las preferencias de la gente. En el mercado abierto, si no se procede conforme a los gustos y consecuentes directivas de la gente los administradores se enfrentan a quebrantos, lo cual los obliga a cambiar sus decisiones administrativas o, de lo contrario, sucumbir y así transferir la propiedad a quienes hagan mejor uso de los activos de referencia.

Respecto de que la publicidad domina al consumidor y le hace adquirir necesidades que "no son reales", es pertinente aclarar que aquélla influye sobre el receptor (para eso se hace) pero no lo determina. Lo mismo ocurre cuando uno argumenta en favor de cierta posición, tenemos la esperanza de convencer pero no imponemos nuestra voluntad. Cuando el abogado alega, intenta persuadir al juez de la razón de su cliente pero no lo obliga a fallar de tal o cual manera. Cuando un hombre declara su amor a una mujer apunta a ser correspondido pero no determina la actitud de la otra parte. Lo mismo ocurre con la publicidad, de lo contrario el empresario con sólo gastar en los medios para anunciar su producto tendría el éxito asegurado, incluso retrotrayendo al consumidor a la época de las cavernas. Con sólo gastar en publicidad se podría convencer a la gente que es mejor el monopatín que el automóvil y, además, vendérselo a un precio más caro.

Las necesidades "reales" de los seres humanos no son solamente las puramente animales como las de comer, copular y defecar. Tiene otras necesidades, por ejemplo, escuchar y leer sermones como los del obispo que comentamos. Todas las necesidades culturales son tan reales como las mencionadas en primer término. No hay que dar rienda suelta a teorías conspirativas. Lo curioso es que haya personas que se consideran a sí mismas superiores a las demás, puesto que ellas pueden detectar con claridad que la publicidad domina a otros, mas no a ellos.

En cuanto al llamado "derecho a réplica" debemos precisar en primer término su significado. Con esta expresión no se quiere decir meramente que las personas deban poder contestar lo que les dé la gana. Éste es un derecho incuestionable siempre que lo hagan con recursos propios o recurriendo a los medios de otros si es que éstos lo consideran pertinente. El "derecho a réplica" en última instancia se traduce en que toda persona que desee discutir algún punto tratado en un medio oral o gráfico lo debe poder hacer a costa del propietario del medio aunque éste no esté de acuerdo. En otros términos, significa que las personas pueden utilizar la propiedad de otro a su antojo.

Se dice que esto debiera circunscribirse al caso de cuando se afecta el honor de las personas para así disponer de una rectificación expedita. Pero para eso está la justicia, la cual puede eventualmente y, entre otras cosas, disponer como castigo que el medio se rectifique o que publique una respuesta del damnificado. Y no se diga que la justicia es muy lenta porque entonces el procedimiento consiste en acelerarla y no tomar la justicia en las propias manos. Piénsese que la lógica del asunto puede conducir a que una persona que se siente agraviada y ofendida por la trama que se exhibe en una obra teatral, le permitiría obligar a los dueños del teatro a darle réplica, es decir, representar nuevamente la pieza con los argumentos que refuten la presentación original. Lo mismo puede ocurrir con un libro en el que se impondría a la editorial que publique un segundo libro a su cargo con el texto preparado por quien se le ocurre apelar al "derecho a réplica" y así sucesivamente.

Últimamente son muchas las declaraciones que se refieren al "capitalismo salvaje". En el caso de la presentación que estamos analizando debemos precisar que una etiqueta así es tan absurda como la de "cristianismo salvaje". Cuando Juan Pablo II, en una notable muestra de coraje e independencia de criterio, ha pedido perdón en nombre de mucho de lo que se ha hecho en representación de la Iglesia, no alude al "cristianismo salvaje" sino a la ausencia de cristianismo. Sus referencias a las masacres de indios en el contexto de la conquista de América, el tenebroso caso Galileo, las matanzas y torturas inspiradas por la Inquisición, el maltrato y la persecución de los judíos y la vida licenciosa de algunos Papas, constituyen claras manifestaciones de anti-cristianismo. Estos perdones que fastidian tanto a los fanáticos, no hacen más que confirmar las barrabasadas que se han llevado a cabo en nombre de la bondad, la caridad y la justicia.

En este sentido traigo a colación un apotegma sobre la fabricación de un "hombre nuevo" que revela una soberbia realmente patética, lanzado a mansalva por los editores de la revista jesuita chilena *Mensaje* a raíz del triunfo electoral del marxista Salvador Allende: "Mientras el gobierno de la Unidad Popular avanza hacia el Hombre Nuevo, un cristiano no puede sino marchar a su lado" (N° 194, noviembre de 1970). Esto también evoca la votación de otro colectivista sobre cuya política guerrera, agresiva y criminal comentan otros sacerdotes desviados, esta vez por medio de la truculenta Carta Pastoral de los Obispos de la Iglesia Católica de Alemania reproducida en *The New York Times* (septiembre 24 de 1939): "En esta hora decisiva exhortamos a nuestros soldados católicos a obedecer al Führer y a estar preparados para sacrificar su individualidad. Apelamos a que se unan a nuestros rezos para que la Divina Providencia conduzca esta guerra al éxito".

Por otro lado, cuando se observan fraudes, abusos que

lesionan derechos, extralimitaciones de los gobiernos y otras tropelías, debe tenerse en claro que son manifestaciones de anti-capitalismo, por más que en el discurso algunos políticos y otros distraídos intercalen un léxico propio de una sociedad abierta en los momentos que consideran que eso puede proporcionar algún rédito electoral. Ya hemos dicho que el liberalismo significa el respeto irrestricto a los proyectos de vida de otros.

Siempre en la tarea de glosar el documento del obispo, pienso que muchas veces cuando se alude a la empresa no se pone de manifiesto una idea del todo clara de lo que significa. Por ejemplo, cuando se alude a "las negociaciones entre el capital y el trabajo". Esto es un error. Las negociaciones se llevan a cabo entre distintos tipos de trabajo. El capital no negocia puesto que está compuesto por instrumentos. La empresa está compuesta por seres humanos que apuntan a lograr buenos resultados operativos. Y esto es bueno y saludable. Lo que determina la existencia de la empresa como institución son los costos de transacción. Si no hubieran costos de transacción, es decir, si la información y la negociación fueran sin costo alguno no existiría la empresa: para cada operación habría un contrato por separado con quien convenga en ese específico caso (incluso con cada carta que debería tipear la secretaria). Algunos futurólogos estiman que como el cambio es tan rápido, la misión de la empresa se modificará de tal manera que ya no se justificaría mantener un grupo de personas en la misma actividad a través del tiempo y, por ende, la empresa sería unipersonal en un futuro no muy lejano. La característica central de la actividad empresarial consiste en su capacidad para detectar arbitrajes, esto es, ubicar áreas en donde los costos están subvaluados en términos de los precios finales. Si se quiere poner en estos términos, ésta es la "función social del empresariado" que, si tiene éxito, coloca recursos allí donde son más solicitados.

Afirmar que la pobreza es una virtud conduce a dos conclusiones. La primera es que resulta contradictorio cuando simultáneamente se hacen llamamientos a la caridad puesto que, de llevarse a cabo, se estaría condenando a los pobres ya que con ese procedimiento se los sacaría de tal situación. Más bien, para ser consistentes, habría que hacer la apología de las hambrunas, las pestes y la miseria. En segundo lugar si "la Iglesia es de los pobres" sus representantes debieran dedicarse exclusivamente a los ricos ya que los primeros estarían salvados.

En verdad pobreza y riqueza son términos relativos. Todos somos pobres o ricos según con quien nos comparemos. De lo que se trata es de permitir el mayor progreso posible para todos, para lo cual se requiere una sociedad abierta con sus incentivos a la creatividad y el consiguiente respeto a los derechos de las personas.

Me parece oportuno terminar esta sección de mi discurso con una brevísima reflexión sobre la trascendencia de la libre elección de nuestro camino en esta vida. Wilhelm Roepke lo resumió magníficamente en 1959: "Preferiría un orden económico libre aun cuando implicara un sacrificio material y el socialismo ofreciera la perspectiva segura del progreso material. Nuestra suerte inmerecida es que lo cierto es precisamente lo contrario". El tema central de la libertad *no es* crematístico. Necesitamos oxígeno para decidir por nosotros mismos. *Además* obtenemos beneficios materiales en la sociedad abierta, pero la columna vertebral se encuentra en el hecho de que se nos respete en nuestra dignidad como seres libres. En el extremo, es infinitamente más digno ser libres —aun pobres materialmente— y no ricos como ovejas en la majada. Lo increíble (y, por cierto, alarmante) es que podemos obtener ambas cosas y aún discutimos el valor de la libertad.

¿Militar o delincuente?

Sintió cómo subían apresuradamente las escaleras, cómo derrumbaban la puerta a los golpes, los gritos amenazantes y luego cómo arrastraban a su vecino de piso por los corredores en medio de gemidos ahogados. A pesar del terror que lo invadía sintió un inmenso alivio cuando se apagaron los ruidos y las voces. Después supo que se equivocaron de departamento, que la presa era él. De todos modos al día siguiente le informaron que lo mataron al vecino sin que tuviera nada que ver con nada.

Se apresuró a improvisar un viaje con sus tres hijas. Su mujer lo había abandonado el año anterior. Pensaba cruzar el río y ubicarse en el país de enfrente para zafar de la persecuta. Tenía que dejar su cátedra de sociología en la que reivindicaba con convicción distintas corrientes de izquierda. Tuvo que demorar un par de días el viaje porque la familia no pudo evitar ciertos trámites previos. Momento fatal. La noche siguiente vinieron por él. Intentó salir por la ventana sin éxito. Otra vez la misma rutina, empezando por las correrías en la escalera. Antes que hubiera mucho que pensar irrumpieron ferozmente cinco sujetos. Una de las hijas pretendió defenderlo a su padre y recibió una dura golpiza. Lo llevaron a la rastra y, ya en la calle, lo empujaron al interior del baúl del auto. Marcha veloz y llegaron a un lugar en donde se oían voces de muchas personas. Estaba tan aturdido que se le desdibujaba lo que se decía. Le vendaron los ojos antes de entrar. Bajaron unas escaleras. Pudo comprobar un repentino contraste en la luminosidad. Le pareció que entraba a las tinieblas. Lo tendieron en un colchón. Le pareció que pasaron muchas horas, aunque no podía precisar. Había perdido la noción del tiempo.

Entraron tres personas. Le arrancaron el trapo que le cubría los ojos. Lo interrogaron largamente sin obtener lo que querían. Cambió el turno. Entraron dos individuos nuevos, el tercero era uno de los anteriores. Le aplicaron corriente eléctrica en los genitales. Lo dejaron extenuado y sollozando pero, sin solución de continuidad, y después de estremecerse con alguna agitada discusión en la habitación contigua y sin poder entender en qué consistía tanto alboroto, entraron raudamente y con actitud decidida otras dos personas más, una de las cuales le pareció reconocer. Lo agarraron del pelo. Lo último que sintió fue el frío de un metal en la nuca. Le pegaron tres tiros. Era un operativo de las Fuerzas Armadas...

Abrieron el portón de entrada y arrancó el camión después de haber sido revisada la caja e identificados el conductor y su acompañante. Se dirigieron a la sección de intendencia de la guarnición militar. En una edificación más alejada descargaron carne. Les indicaron que salieran por otro puesto ubicado prácticamente en pleno campo. Sabían que ése sería el requerimiento. Divisaron a tres conscriptos, uno en la garita y los otros al pie del camión. En el momento señalado aparecieron del lado de afuera cinco terroristas más. Después de un breve forcejeo achuraron y colgaron a los tres reclutas que hacían de centinelas en los ganchos de carnicería del camión y se dieron a la fuga en el auto que los esperaba tras la empalizada. Dejaron un letrero pintado en letras color sangre en el que se leía "Ejército de Liberación Nacional". La misma leyenda siniestra que tantas veces aparecía después de producir crímenes horrendos. Sin ir más lejos, hacía una semana, al vincularse a dos atentados prácticamente simultáneos: la carta que recibió el jefe de policía después de la bomba en la empresa eléctrica que terminó con la vida de numerosas personas (entre ellas cuatro chiquitos) y la voladura del puente cerca de la entrada principal del pueblo que milagrosamente no costó vidas a pesar de la cercanía del hospital y que fue anunciada a través de la radio "tomada" al efecto, en la que desparramaron panfletos con la susodicha inscripción con la marca indeleble de la muerte.

Los hechos transcriptos se sucedieron en la cronología que dejo consignada pero los tiempos de la historia de esta guerra invierten naturalmente la secuencia. Primero comenzaron los terroristas con sus crímenes a mansalva y luego vino la represión de las fuerzas de seguridad. Quiero ser lo más ecuánime que permita el horror de esta guerra (algunos se obstinan en no llamarla guerra pero francamente no se me ocurre ninguna otra denominación que cuaje con los tiroteos, batallas, bombas, toma de rehenes, rescates, extorsiones, "impuestos revolucionarios", torturas, muertes de inocentes, partes de combate y designaciones de jerarquías y vocabulario militar por parte de ambos bandos). Cuando más se podrá decir que no se trata de una guerra convencional ya que, entre otras cosas, los terroristas no visten uniforme.

En todas las guerras se ha dicho siempre que los buenos son los que ganan y son malos los que pierden. Pensemos en las guerras de la independencia americanas y tantas otras balaceras que registra la historia. Los monumentos se fabrican para eternizar a los buenos y las historias oficiales pocas veces coinciden con la historia a secas. Pero en el caso que nos ocupa los terroristas ("foquistas" que apuntaban a "zonas liberadas" para usar su farragosa e incoherente terminología) querían convertir el país en que desarrollaban sus bellaquerías en un enorme Gulag de modo que la resistencia a tamaña agresión era de cajón, a menos que se pensara que las Fuerzas Armadas son un adorno absurdo e inútil sólo para consumir el fruto de los impuestos. Los propios terroristas declaraban su filiación y su encendido entusiasmo por regímenes tipo la isla-cárcel cubana y la consecuente toma del poder: a confesión de parte relevo de prueba.

Ahora bien, ocurrió lo increíble. Muchos de los integrantes de las Fuerzas Armadas actuaron como delincuentes de la peor especie. No recurrieron a procedimientos legales para combatir en la guerra sino que optaron por el procedimiento de los encapuchados. Optaron por el secuestro, el asesinato liso y llano y la prisión por años sin proceso. No permitieron el debido proceso ni proceso de ningún tipo, no había posibilidad de defensa en juicio —ni siquiera tuvieron lugar juicios sumarios ni consejos de guerra— no se labraron actas ni aparecieron las firmas de los responsables. En innumerables casos los militares no dieron la cara, se ocultaron en una sórdida noche criminal.

Sería muy injusto decir que todos los uniformados estuvieron involucrados en semejante comportamiento. Lo que ocurre es que ese tipo de organizaciones es por su naturaleza vertical y, por esa razón, las fuerzas destinadas a esta guerra procedían de acuerdo a instrucciones, lo cual obligaba a quienes no compartían la política recibida de los respectivos comandantes, a pedir la baja y aun a sufrir graves amonestaciones y castigos si la resistencia se insinuaba en medio de una trifulca. Esto es concordante con los reglamentos militares. De todos modos, muchos quedaron fuera de las operaciones bélicas y de éstos unos compartían el método, otros no y un tercer grupo, muy minoritario, no estaba informado de lo que ocurría.

Después de terminada la guerra comenzaron a surgir informaciones que sorprendieron e indignaron a la población civil. Esta documentación se refería a los procederes de muchos de los militares. Se habían apartado por completo del denominado estado de derecho para incursionar en la misma metodología de sus oponentes. Pero, para eso, no se pagan impuestos. Para eso se alquila una banda de mercenarios. No hay excusa alguna para retrotraernos a la barbarie. No hay explicación válida sobre eventuales riesgos de declaraciones internacionales sobre zonas de conflicto, comunidad beligerante o similares ni pretendidas refutaciones sobre esfuerzos anteriores para organizar fueros preparados para la materia atacados sin piedad por los terroristas. Debería haberse actuado con la ley en la mano, como en Italia en el caso de las Brigadas Rojas o como en Alemania en el caso de los Baader-Meinhof. Por no haberse procedido de ese modo las Fuerzas Armadas ganaron en el terreno militar y perdieron en el terreno moral.

Como dije antes, la gran mayoría de la población civil fue sorprendida en su buena fe. Concentrada en los debates sobre algunos desaguisados de los militares en el poder (en algunos casos asumiéndolo formalmente, en otros tras bambalinas), aquellas personas nunca pensaron que la lucha antiguerrillera se estaba combatiendo con los procedimientos guerrilleros. Una cosa es la batalla donde no hay actas ni juicios, y otra bien distinta es la detención que se convierte en rapto seguido a veces de robo y violación carnal, junto con un destete de criaturas cual animales en el corral y torturas y matanzas, completando la tarea al arrojar cadáveres al río desde aviones equipados al efecto.

Una alumna mía me contó que cuando constató tanto desatino tuvo una especie de *shock* nervioso y que la repugnancia infinita que la invadió la hizo vomitar en medio de un llanto irrefrenable. Buena parte de la población civil estaba en Babia de lo que ocurría. Batían el parche en cuanto a los desaciertos en el área de la economía y, en los casos que correspondía, insistían en la necesidad de abrir las urnas, pero poco a poco, como un *ex post facto*, se iban anoticiando, atónitos, perplejos y enfurecidos de los procedimientos empleados que dieron lugar a tanto "desaparecido", figura que no permite descanso moral a los familiares ni entierro digno.

Todos comprendían la dificultad enorme de la guerra cuyas acciones eran mezcla de copamientos sorpresa y de infiltrados en la vida corriente que, sin previo aviso, secuestraban, mutilaban, mataban, torturaban y ponían bombas de un poder devastador y sin discriminar blancos. Un enemigo mimetizado y de carácter clandestino que recibe pertrechos sofisticados y modernos elementos de comunicación del exterior y que muchas veces sus cómplices políticos decretan amnistías masivas que retrotraen la situación y eliminan de un plumazo las trabajosas tareas de la justicia. Pero para eso el aparato estatal recauda porciones enormes del fruto del trabajo de la población. Para eso hay militares de carrera. Es su responsabilidad que debe ejercerse con la acogida, receptividad y colaboración civil que recibieron en la mayor parte de los casos.

Hace unos años dediqué una sección de un libro a este tema escabroso por lo que recibí críticas y alabanzas por igual. A mi juicio las críticas confundían planos en la argumentación. El hecho de que se esté indignado por la criminalidad del terrorismo no justifica devolver con la misma moneda. Con esto último no sólo se cometen injusticias mayúsculas —para evitar eso está el debido proceso— sino que se trata de una cuestión de control de gestión: a cualquiera que porte una cartuchera no se le puede otorgar indemnidad porque, entre otras cosas, ése es el modo de saldar cuentas con amantes, acreedores y enemigos de toda laya.

Por otro lado, nada se avanza recurriendo a falacias *ad hominem* manteniendo que muchas de las documentaciones comprobadas fueron exhibidas por la izquierda y en algunos casos por ex-terroristas, eso no cambia la argumentación ni refuta en lo más mínimo el testimonio. Tampoco es sostenible aducir que en muchos casos el juicio sumario no resultaba posible debido a que los detenidos borraban sus impresiones digitales con ácidos y no se identificaban, puesto que esto queda resuelto con el sencillo expediente de sacarles una fotografía acompañada de la leyenda con el nombre que dice tener el candidato o, en su caso, la constancia de que no dice ningún nombre. Menos aún es plausible la defensa de quienes participaron en hechos aberrantes con la absurda pretensión de la "obediencia debida" puesto que para eso son humanos y no autómatas.

No se nos escapan las enormes dificultades y riesgos de una guerra en la que el enemigo aparece disfrazado y agazapado entre los inocentes y que asesina en ciudades igual que en la campiña. No se nos escapa la inmundicia del terrorismo pero tampoco se nos escapa la necesidad de castigar en base al derecho porque ésa es la forma de minimizar errores y de maximizar las posibilidades de la justicia.

Tampoco se nos escapan las patrañas y la vil politización que muchos han hecho del tema, incluso de familiares de supuestos "desaparecidos" que, como en el sonado caso peruano, vivían en el exterior, o en otros que han sido muertos en combate pero se quiere disfrazar el percance de asesinato para facilitar e incentivar la movilización y el embate indiscriminado contra las Fuerzas Armadas como institución. En este contexto se alega por los "derechos humanos" sin percibir el pleonasmo (como si las rosas y las piedras fueran sujetos de derecho) y lo curioso del caso es que el totalitarismo terrorista ni siquiera comprende el significado del derecho ya que como declara en su último libro el converso Bernard-Henri Lévy: "Aplíquese marxismo en cualquier país que se quiera y siempre se encontrará un Gulag al final".

De todos modos la ley de la guerra no es ausencia de ley. La suspensión de las normas jurídicas regulares en tiempos de guerra no es ausencia de normas. Como ha dicho Joaquín V. González "la ley de la guerra no significa arbitrariedad" o como se explaya sobre el particular Linares Quintana en su trabajo, sugestivamente titulado "La desnaturalización del estado de sitio y la subversión institucional". La suspensión del *hábeas corpus* o el establecimiento del estado de sitio no implica que se pueda hacer cualquier cosa en cualquier sentido tal como expresamente lo declaran, por ejemplo, las constituciones de los Estados Unidos, Austria, Holanda, Portugal y en los precedentes del *common law* de Inglaterra, además de varios países de América del Sur. En 1215, la Carta Magna inscribe por vez primera el *hábeas corpus* y, por su parte, el estado de sitio se originó en la Asamblea Constituyente del 10 de julio de 1791, en Francia. Entre otros, Blackstone y luego Story aluden de modo exhaustivo a la primera de las figuras mencionadas, pero debe comprenderse que hasta en la implantación de la ley marcial se requieren límites precisos, así dice Amancio Alcorta que en ese caso "la parte que la pone en práctica es responsable por cualquier abuso de la autoridad que así se le confiere".

La "piedra libre" en ningún caso es aceptada si se quiere eludir la aberración institucionalizada. Ya de por sí la guerra misma resulta una monstruosidad como para que la parte que se pretende civilizada y que actúa a la defensiva incurra en procedimientos característicos de la canallada terrorista. El tratamiento de prisioneros de guerra, cuando menos debe estar en línea con la Convención de Ginebra, ya sea por una aplicación directa o analógica. Albert V. Dicey enfáticamente señala, en el tratado de derecho constitucional que ha servido como una de las bases más reputadas del constitucionalismo, que "ya se haya suspendido o no el *hábeas corpus*, no está exento de responsabilidad civil y criminal quien haya llevado a cabo un arresto".

"Al enemigo, ni justicia" es una expresión estremecedora que ya se vociferó antes en otro contexto y que refleja ajustadamente la mentalidad despreciable del déspota, pero resulta absolutamente incompatible con la tradición que actúa en defensa del derecho.

La percepción de las ventajas y desventajas de la aplicación de distintas ideas y sistemas requiere tiempo en el contexto de un lento proceso de digestión. La prueba y el error, la refutación, la corroboración, la contraargumentación y el contrafáctico son etapas naturales en el afán de adquirir conocimientos y disminuir la ignorancia que nos envuelve. Quienes reclaman con discursos altisonantes la necesidad de producir tajos abruptos en la historia y declaman sobre la conveniencia de llevar a cabo revoluciones de diverso signo, proceden a contramano de los indispensables mecanismos de tamiz que requiere la vida civilizada. Rechazamos con la mayor energía estos caminos que inexorablemente conducen a resultados de extrema peligrosidad puesto que cada uno tiene su esquema axiológico, con lo que la guerra civil sería la etapa final de tamaña aventura. La ruina sería segura aun frente a la posibilidad de que apretando un botón milagroso pudiéramos imponer con facilidad las ideas que sustentamos. Todo es inútil si no existe una comprensión mínima por parte de un número suficiente de personas. No hay otro camino que la persuasión. Ésta no es tarea para impacientes. En tren de impaciencias, en lugar de estar preocupado porque otros no comprenden lo que uno sustenta como cierto, es mucho más fértil reclamarse a uno mismo porque no se es suficientemente claro en la trasmisión del mensaje correspondiente. Como uno tiende a ser más benévolo con uno mismo que con los demás, esta técnica calma los nervios y nos obliga a hacer mejor los deberes, lo cual incluye la revisión de las propias premisas y la cadena lógica subsiguiente.

145

Ya sabemos que estamos envueltos en las trampas que puedan surgir de la "voluntad general". Ya hemos leído pensamientos similares a los de Benjamin Constant acerca de que "cuando la tiranía se constituye es, posiblemente, tanto más dura cuanto los tiranos son más numerosos" (para no detenernos en consideraciones como las de Tocqueville del tipo de que "El despotismo me parece particularmente temible en las edades democráticas"). Estas señales de alarma son consubstanciales a la larga tradición liberal en renovados esfuerzos por poner coto al peligroso *ex libris* del poder y su insufrible manía por la obesidad.

Recordemos las últimas líneas de la célebre obra de Herbert Spencer en donde se resumen muy bien las apuntadas preocupaciones: "La función del liberalismo en el pasado era la de poner un límite a los poderes del rey. La función del verdadero liberalismo en el futuro será la de poner límite a los poderes del Parlamento". Por esto es que los constituyentes más prominentes recalcaban una y otra vez las ventajas de *la república*.

En esta instancia del proceso de evolución cultural, la humanidad se debate en una encrucijada: o se pone en manos de un tirano sin contrapoderes, sin límites institucionales o, en el contexto de elecciones periódicas para renovar gobernantes, se somete al veredicto de las urnas en una búsqueda permanente por el establecimiento de controles más efectivos para la protección de los derechos individuales. Con razón Churchill ha dicho en 1947 que "la democracia es la peor forma de gobierno excepto todas las demás que se han ensayado de tiempo en tiempo". Por ahora estamos en esto y en la continua faena de integrar la democracia con el liberalismo puesto que las mayorías o primeras minorías sin el menor respeto a las personas se asemeja más a la ruleta rusa que al régimen democrático.

Todos recordamos a célebres autores de la cristiandad que no sólo recomendaban levantarse en armas si el gobierno se tornaba tiránico (Sto. Tomás de Aquino) sino que aconsejaban enfáticamente el tiranicidio (John of Salisbury y Juan de Mariana). Por su parte, toda la tradición que nace con John Locke subraya la necesidad de la sublevación cuando el gobierno lesiona en lugar de proteger la vida, la propiedad y la libertad. Esto de la rebelión es cosa sumamente delicada y sólo se puede recurrir a ella en casos realmente intolerables en los que el gobernante abandona el estado de derecho y con un consenso suficiente para proceder en consecuencia. Por eso, al final de este discurso, cuando me refiero al pensamiento jeffersoniano más bien se alude a protestas exteriorizadas con la suficiente pasión para mantener a los gobernantes en brete y, de paso, refrescar quiénes son los que mandan en última instancia y quiénes son los empleados y subalternos, ya que en las esferas del

147

poder se suben los humos con facilidad y la alfombra colorada marea hasta producir insoportables delirios de grandeza.

De cualquier manera, las nuevas concepciones y los cambios consiguientes siempre tienen lugar debido al pensamiento y a la acción de personas con espíritu crítico, personas que se cuestionan lo existente, personas que se apartan de la actitud servil del rebaño, personas que no están dominadas por pesadas telarañas mentales ni tienen temor de cultivar criterios independientes. Y sin duda que se ha corrido mucho el eje del debate en la historia de la humanidad, merced a aquellos valientes que han tenido el coraje de pararse frente a la opinión dominante y exponer la suya propia. Gracias a quienes no aceptan la genuflexión frente a lo que dicen y hacen otros y, siempre en el terreno de las ideas, contribuyen a explorar otros horizontes que, a su debido tiempo, son aceptados por la gente como algo obvio aunque al comienzo se consideraba al expositor original como un necio al que no había que oír. Todo lo que hoy damos por sentado ha recorrido ese sendero. Incluso el derecho a la vida que hoy es en general aceptado sin titubear, quien lo formuló por primera vez seguramente fue engullido por nuestros ancestros antropófagos.

Cuando se alude a lo "políticamente imposible" quiere decir que aún no hay una cantidad suficiente de personas que comprenden y aceptan la idea. Como ha dicho Hayek, la misión del intelectual consiste, precisamente, en convertir lo que hoy se estima políticamente imposible en políticamente posible. En estos instantes hay innumerables propuestas para el futuro entre las que, en su momento, seguramente se elegirán procesos y mecanismos que hoy muchos rechazan enfáticamente, incluidos medulosos estudios en torno a la vaca sagrada del monopolio de la fuerza. Piénsese por un instante en la posición, bastante ridícula por cierto, de los conformistas. Siempre les parece bien lo que ocurre pero jamás han contribuido a cambio alguno, justamente porque en toda ocasión le rindieron pleitesía al *statu quo*. Siempre están en la cresta de la ola pero nunca contribuyen un ápice en la construcción de la ola sobre la que están parados. Son los tilingos de la historia y de la peor especie porque se creen vivos criticando siempre a los críticos del momento sin percibir que estos últimos les están corriendo el piso en el que están confortablemente ubicados. Nunca se miraron al espejo para meditar un instante sobre el significado de lo que es un ser humano y su diferencia con un "mamífero vertical" para usar una expresión de Unamuno, o un "alma deshabitada" según la acertada descripción de Papini. Son fácil presa de las corrientes de aire del momento, sólo que la ventisca es siempre proporcionada por otros y que los enfilan a puntos cardinales que no eligen, cual veleta en el huracán.

¿Por qué se recurre frecuentemente a los militares para gobernar? ¿Por qué no a los abogados, a los ingenieros o a los economistas? No sería una conjetura disparatada suponer que la respuesta debe encontrarse en el hecho de que los militares poseen la ferretería y sin cañones no parece posible detentar el monopolio de la fuerza. Pero ni bien se mira el asunto un poco más de cerca se verá que, de todos los gremios posibles, los militares son los menos indicados para gobernar. Esto es así debido a su entrenamiento, a sus jerarquías, a las estructuras verticalistas y a su trato que frecuentemente es con voces de mando cuando no abiertamente a los gritos. Todo esto será importante para las funciones que cumplen pero está a años-luz de lo que es la sociedad civil. Más bien es su antítesis. El pluralismo, la confrontación sistemática de opiniones, el cuestionamiento y los órdenes espontáneos de la sociedad abierta son opuestos por antonomasia al militar. De allí es que en función de gobierno habitualmente tengan una marcada tendencia a extrapolar la vida del cuartel. Sus fantasiosos y absurdos "planes de desarrollo" y su incomprensión y disgusto visceral respecto del mercado libre y la división horizontal de poderes los mueve al diseño y la reglamentación para producir un "orden" que inevitablemente termina en caos. Sin duda que hay mucho civil con mentalidad militar, en cuyo caso la situación es aún peor porque no sirven en las Fuerzas Armadas ni en la sociedad civil, esto es, no sirven para nada. Éstos han sido los casos de los comités de planificación que tanto luto han derramado sobre los espíritus pacíficos que se desviven por abrir de par en par los caminos de la libertad, propios de la convivencia civilizada.

Entonces, las Fuerzas Armadas y las Fuerzas de Seguridad, cuando se circunscriben a sus funciones específicas, han servido y sirven lo mejor que las circunstancias permiten para hacer de brazo armado a la justicia, para la preservación de los derechos de las personas frente a ataques exteriores o conmociones interiores.

De más está decir que cuando se revisan los atropellos deben seguirse escrupulosamente los caminos del derecho, puesto que apartarse de esta senda reincidiría en el abismo. El *J'Accuse* que todavía resuena como un campanazo higiénico de coraje y espíritu independiente, no es para demoler el derecho sino para reivindicarlo. Y sería un doble discurso mayúsculo basado en una execrable hemiplejía moral el pretender el camino de la justicia para unos violadores del derecho cubriéndoles las espaldas a otros por ser más afines a las aventuras ideológicas de algunos de los que se desempeñan como justicieros.

En el caso que estamos considerando, los desvíos de las Fuerzas Armadas hacia otras misiones siempre han terminado en catástrofes para indignación de muchos de

151

sus propios integrantes que tienen una vocación que les marca claramente lo que les es propio siempre siguiendo procedimientos decentes y compatibles con la sociedad civilizada.

El desparpajo de los antievasores

El ministro de economía entró exultante al recinto de la Bolsa de Comercio. Había mucho espejo que junto con los flashes de las máquinas de fotos dificultaban la posibilidad de divisar con claridad lo que ocurría en el lugar, a duras penas se veían las siluetas. El salón estaba repleto de gente. En las primeras filas, como siempre, los adulones sonrientes, bien vestidos y perfumados. El estrado estaba revestido con un terciopelo de color indefinido. La alfombra era colorada, la misma que marea a los funcionarios. El ministro había estudiado en el extranjero en uno de esos centros que preparan candidatos para mandamás. Tenía pesados anteojos con armazón dorada como a veces usan los burócratas encumbrados del "palacio" del ramo (hay que recurrir al léxico del sultanato para insuflar aún más a los moradores del lugar).

Llegar a ese cargo era el sentido de su vida y había sido el motivo de sus sueños y desvelos durante mucho tiempo. Como dice Erich Fromm son los pequeños y débiles que necesitan dominar a otros para completar su endeble personalidad. Un ministro que hablaba frecuentemente de libertad sin percibir que el sentido del ministerio de economía es controlar la economía, de lo contrario habría que volver a la terminología de antaño cuando se respetaban más los derechos de los ciudadanos y, por tanto, había ministros de hacienda o, mejor aún, secretario de hacienda como en los lugares más civilizados. Pero esa nomenclatura hubiera perturbado gravemente el ego del funcionario. Ni bien entró el megalómano al salón se pararon algunos de los alcahuetes de las primeras filas para hacerse notar ante el ministro.

Uno no puede menos que traer a colación un pensamiento de Erasmo (paradójicamente "de Rotterdam" puesto que hacía gala de ser cosmopolita, ciudadano del mundo): "¿Qué os puedo decir que ya no sepáis de los cortesanos? Los más sumisos, serviles, estúpidos y abyectos de los hombres y sin embargo quieren aparecer siempre en el candelero". Erasmo no puede haber sido más preciso en su apreciación sobre estos seres acaramelados que se ponen hasta mimosos cuando huelen el tufillo del poder y se retuercen para competir sin pudor ni rubor por los favores del soberano quien curiosamente "se la cree". En estas poses ridículas no sólo demuestran que les falta mucha ética sino paladas de estética.

El tecnócrata —muy acartonado él— entraba con paso firme tratando por todos los medios de disimular su grasoso y movedizo abdomen. La manicura le había barnizado las uñas. Parecía un muñeco recién encerado. Traje gris con espaldas a la militar y una de esas corbatas chillonas que sólo usa alguien que ha perdido por completo la noción de la proporción y la sobriedad. Algún periodista con sentido del humor comentó por lo bajo que le hacía falta un luto al ministro para aplacar tanto incendio que le brotaba del pecho.

Era el aniversario de la Bolsa y como era la costumbre de directivos en bancarrota moral enviaron con antelación el discurso de bienvenida que pronunciaría el presidente de la entidad para que el ministro lo censurara en las partes que considerara conveniente. Esto no hacía más que confirmar la poca independencia de la institución y el poco sentido de vergüenza de sus directivos quienes no convocan a nadie si no aparece un funcionario gubernamental en la vidriera. Necesitan cartel y fortalecer los lazos con el poder.

Se subió al estrado en medio de aplausos cerrados de la concurrencia. El destinatario no reía para no exhibir el color tabaco de su dentadura, pero se ufanaba con fruición por los adentros. El anfitrión lo presentó con unas palabras absolutamente anodinas pero rebosantes en calor humano. El señor ministro carraspeó ante el micrófono y empezó su perorata. No voy a consumir tiempo reproduciendo semejante pieza oratoria de factura me-

diocre pero quiero mencionar cinco o seis temas que tocó con verdadero entusiasmo y con una seriedad como
si estuviera contribuyendo a fabricar la piedra filosofal.
En un momento dado, en medio de gestos grandilocuen-
tes y compadradas gramaticales, se emocionó tanto con
su propio pensamiento que levantó la voz de tal manera
que le salió una especie de alarido con voz aflautada. Tuvo que tomar agua para calmar tanta efervescencia y
aplacar el gallo que se le filtró en el discurso.

Primero dijo que los responsables del déficit fiscal eran
los evasores que no cumplían con la última reforma tri-
butaria (que, como siempre, consistió en aumentar impuestos, incluyendo la modificación de las alícuotas del
impuesto progresivo a las ganancias). Después remarcó
que la banca central tenía bajo control la situación monetaria (se explayó largamente sobre las atribuciones y
la importancia del ente regulador) para luego enfatizar
la trascendencia del principio de subsidiaridad. También anunció con mucho circunloquio la creación de
una secretaría que en su jurisdicción se ocuparía "de intervenir en el tema que más debe interesar a un gobierno: el relacionado con la preservación del medio ambiente para asegurar, entre otras cosas, lo que se ha
dado en llamar los intereses difusos". Finalmente hizo
un alegato en favor del partido oficial y cerró su alocución con una confesión bastante patética sobre lo mucho que se sacrificaba en aras de la población (se ve que

nunca había oído hablar del *public choice* de Buchanan).

No deja de provocar asombro y hasta resulta conmovedor observar personajes como éste que se debaten con verdadera desesperación por ocupar puestos en las esferas del poder político. Da lástima constatar que existe tanto espécimen como el de nuestro relato que hacen del cargo público el objeto superior de sus vidas (hay quienes —sin empacho— incluso lo han declarado abiertamente). Tengo por este tipo de hombrecillos la misma opinión que tienen las palomas por las estatuas. Igual que otros figurones, el ministro de nuestra historia calza a la perfección en lo que tan agudamente escribió el muy spenceriano Borges: "ya se había adiestrado en el hábito de simular que era alguien, para que no se descubriera su condición de nadie".

No soy afecto a las consideraciones *ad hominem* pero se hacen necesarias para las descripciones que requieren pasajes como en los que estamos embarcados. Antes de comentar brevemente aquellas parrafeadas del orador de marras, me parece de interés poner en autos a quienes siguen este relato sobre un aspecto íntimo del ministro que revela su marcada inclinación a la hipocresía. El mes anterior a esta nueva aparición pública, el ministro había cobrado una jugosa "comisión" por haber maniobrado en la descalificación de uno de los postulantes a una licitación, con lo que se quedó con el pastel un conocido grupo que retribuyó el gesto con un voluminoso importe en efectivo. El destinatario, ni lerdo ni perezoso, se lo hizo transferir a una cuenta numerada en una asoleada isla con nombre de reptil. Esto no es ninguna primicia de lo que suele ocurrir en los pasillos del poder, pero este personaje tan engominado y engreído parlotea tanto en favor de la corrección administrativa que hasta propuso una ley para castigar con penas descomunales a los funcionarios públicos que incurrieran en manejos desaprensivos del erario. Esta doble faz lo convierte en un sujeto especialmente repelente (aunque, hasta ahora, este lado oscuro de su trayectoria es poco conocido, por lo que hacemos votos para que se advierta esta información a la brevedad para desenmascarar al sujeto de las corbatas estridentes y los dientes amarillentos).

Vamos a comentar en primer término lo que hace a la ecología, ya que el ministro, en el contexto de lo que ha dado en llamarse "los derechos difusos", considera que debe resolverse el problema con la creación de una nueva repartición oficial.

En general, el tema ecológico muestra un paralelo con el de la pobreza. Toda persona de sentimientos nobles se acongoja frente a la miseria y, de allí, muchas veces, si no está atenta, puede ser fácilmente conducida al socialismo. Un proceso similar ocurre en el caso de todo lo concerniente al medio ambiente, la extinción de especies animales, el monóxido de carbono en el aire, el agujero de ozono y el consiguiente efecto invernadero, la lluvia ácida y la contaminación del agua. La falta de suficiente información, puede arrastrar también al socialismo por la vía de la ecología, y tal vez de un modo más rápido y contundente debido a que es un área poco explorada desde el costado liberal y lo muy bueno que hay disponible es poco conocido.

Expliquémonos por orden. El llamado derecho difuso y la correlativa protección a los intereses difusos se basan en la noción de la "subjetividad plural". Esto es, se sostiene que como el medio ambiente es patrimonio de toda la humanidad, cualquiera que constate lo que a su juicio constituye una degradación ecológica puede accionar ante la repartición gubernamental correspondiente como parte actora aunque no se haya infringido ningún daño a su propiedad. Esta concepción contraría la noción más elemental del derecho y la propiedad. Nadie podría usar y disponer de lo propio ya que dependería de que cualquiera bloquee su uso y disposición alegando un perjuicio a la humanidad. Si la parte realmente afectada desea hacerse representar por otra, estará en todo su derecho de hacerlo, pero lo que no puede hacerse sin provocar serias lesiones al derecho es alegar una lesión difusa, que como la palabra lo indica es no-precisa.

Existe una copiosa bibliografía en favor de los derechos difusos, a veces denominados derechos ecológicos. Tal vez autores como Juan Carlos Barbosa Moreira, Eduardo Monti, Mauricio Libster y Filippo Sgubbi sean los más destacados exponentes de esta corriente de pensamiento (que, dicho sea de paso, extienden la misma idea al "patrimonio público artístico, histórico o turístico"), pero actualmente hay bibliotecas enteras que defienden ese modo de encarar el medio ambiente y temas conexos.

En la década de los sesenta Garret Hardin bautizó como "la tragedia de los comunes" a lo que ocurre con lo que es propiedad pública. Retomando una antigua tradición, sostuvo que lo que es de todos no es de nadie y que, por tanto, los incentivos a cuidar la "propiedad común" son prácticamente inexistentes, en abierto contraste con los fuertes incentivos que existen en el caso de la propiedad privada.

Lo anterior es directamente aplicable al caso de la extinción de las especies animales. ¿Por qué es que las ballenas se extinguen y las vacas no? Pues debido a que las vacas tienen dueño mientras que las ballenas no tienen propietarios. Pero esto no siempre fue así. En la América de los comienzos de la época colonial las vacas se estaban extinguiendo a pasos agigantados hasta que apareció la revolución tecnológica por antonomasia de aquellos tiempos. Se trató nada más y nada menos que del alambrado. Esto separó las aguas. La asignación clara de derechos de propiedad hizo que cada propietario cuidara de su hacienda y la multiplicara, al contrario de lo que ocurría cuando se cuereaba la vaca dejando la carne para las aves de rapiña, o se mataba al animal para comer un trozo. Nadie en semejantes condiciones se le pasaba por la cabeza dedicarse a la reproducción de ganado puesto que otros serían los beneficiarios. Con las ballenas también ha ocurrido un cambio reciente: algunas tienen un censor monitoreado por el dueño quien la sigue en sus migraciones cuidándola y buscando la manera de que se reproduzca.

En África es de gran interés la experiencia que tuvo lugar en Zimbabwe, en donde se asignaron derechos de propiedad sobre la manada, mientras en Kenya se mantenía la idea de la propiedad común. En este último caso la población de elefantes se redujo de 167.000 a 16.000 solamente desde 1970 a 1989, mientras que durante el mismo período, en el primer país, se aumentó la manada de 40.000 a 50.000 a pesar de las enormes desventajas territoriales que existen en este caso respecto del otro. Este fenómeno se condice con la lógica más elemental. ¿Quién va a ametrallar elefantes para sacar marfil si la propiedad le pertenece? Sin duda que, en estas condiciones, es más sensato reproducir elefantes y no aniquilarlos. Pero, otra vez, tengamos en cuenta que nadie se dedicará a la reproducción de elefantes si sabe que otros usufructuarán del resultado.

El análisis anterior no quiere decir que necesariamente se deban conservar *todas* las especies del reino animal. Por ejemplo, las cucarachas o las bacterias. Si hubiera que conservar las bacterias no debería tomarse antibióticos, con lo que es probable que se extinga la raza humana. También hay que tener en cuenta que otras especies desaparecen como consecuencia de procesos biológicos naturales e incluso en algunos casos, como el de los dinosaurios, desaparecieron antes que irrumpiera el ser humano en la faz de la tierra. En todo caso, si se desea conservar la nutria lo peor que se puede hacer es atacar a las damas que usan tapados elaborados con esa piel, puesto que eso detraerá a los productores y a los criaderos, con lo que se tenderá a lograr el efecto opuesto a la conservación.

Respecto de la polución ambiental, es decir, la emisión de gases tóxicos que afectan la condición pulmonar y las vías respiratorias —principalmente a consecuencia del monóxido de carbono— resultan en una indudable lesión al derecho de las personas afectadas, de un modo equivalente a cuando se arroja estiércol en el jardín del vecino.

Existen dos tipos de polución, la de impacto y la de fondo. El primer tipo es cuando se puede claramente detectar la polución ya que la relación es específica y directa, por ejemplo, cuando el vecino me tira una bocanada de humo desde su propiedad. En este caso habrá un acuerdo o recurriremos a la justicia. La polución de fondo, en cambio, *prima facie* no es susceptible de identificación ya que los responsables son un conjunto de personas —cada una de ellas— ninguna de las cuales es responsable aisladamente. Se trata de responsabilidad solidaria.

A través de un proceso evolutivo del derecho por medio de fallos judiciales, al estilo del *common law*, se irá definiendo el volumen de polución "de fondo" permitido antes de considerarse lesivo al derecho. No es el mismo volumen de monóxido de carbono que puede propagarse en la actualidad en el desierto del Sahara que en New York. Subrayamos lo de "en la actualidad" porque las condiciones son cambiantes a través de los tiempos en cuanto a los vientos, el clima en general, la densidad poblacional, industrial, etc. Por ello es que se necesitan procedimientos flexibles y cambiantes.

Supongamos cierto nivel permitido en cierto lugar y en cierto momento lo cual hace posible que cada uno pueda producir hasta determinado nivel de polución (ya sabemos que la polución cero implica dejar de respirar ya que la exhalación contamina el ambiente); esto no excluye la posibilidad que existan transacciones entre las partes en las que unos cedan la posibilidad de contaminar a otros en ciertas áreas.

En el caso del monóxido de carbono y sus equivalentes hay instrumentos denominados *tracers* que detectan qué cantidad se está emitiendo individualmente y también están los *remote sensoring* que son ondas que rebotan y que se ponen en las esquinas de las calles para determinar con exactitud cuánta polución emite cada vehículo (o en su caso chimeneas y similares). Estas tareas las pueden realizar asociaciones de vecinos sufragados con los recursos de los interesados o sin cargo por parte de las muy activas asociaciones ecológicas. En todo caso, es la justicia la encargada de dictaminar y no se necesitan reparticiones especiales para el caso, del mismo modo que los jugadores de billar no necesitan una secretaría gubernamental para evitar que se produzcan agresiones físicas durante el juego o que no se haga trampa y así sucesivamente en los innumerables órdenes de la vida de relación. Siempre que cuadre, se puede recurrir a la justicia para que se pronuncie al respecto.

Los instrumentos tecnológicos de hoy seguramente serán desplazados por ideas y equipos más sofisticados en el futuro. Habrán aparatos que succionen a distancia el smog de las ciudades, o, sencillamente, debido a la revolución en las comunicaciones, no habrán ciudades o su diseño será completamente distinto de lo que ahora estamos acostumbrados. Isaac Asimov llamaba "el síndrome del ascensor" al hecho de la imposibilidad de prever el futuro. Conjeturaba que si a una persona en la antigüedad se le hubiera preguntado cómo haría la gente para trasladarse de un piso a otro en caso de que las viviendas estuvieran construidas en forma de rascacielos, seguramente elucubrarían cualquier hipótesis menos la mención de los ascensores.

Por su parte, la capa de ozono es un tipo de oxígeno que envuelve el globo en la estratósfera. Se forma cuando las moléculas de oxígeno que conocemos reciben rayos ultravioletas. Si se perfora la capa, la tierra acoge los rayos ultravioletas lo cual, entre otras cosas, produce cáncer de piel, cataratas, y, sobre todo, debilitamiento del sistema inmunológico. También esos rayos afectan las células de las plantas oceánicas con lo que tienden a desaparecer los peces y así se daña la cadena biológica.

Se sostiene que la antedicha perforación es producida por cosas tales como el funcionamiento de los aparatos de aire acondicionado, las heladeras, ciertos aerosoles y solventes para limpiar circuitos de computadoras. Básicamente el daño lo producirían los clorofluorcarbonos que destruyen las moléculas de ozono con lo que los referidos rayos penetrarían por el agujero y producirían un calentamiento de la tierra que se conoce como "el efecto invernadero". Por esto es que existe la preocupación por la tala de bosques ya que los árboles absorben dióxido de carbono.

Esta es la versión más difundida. Sin embargo, hay otras opiniones científicas como las de Robert C. Balling, Douglas A. Smith y las reunidas por Richard L. Stroup: Kenneth E. Watt, Andrew R. Solow, Robert W. Pease y Trevor Platt. Estos autores mantienen que las temperaturas de la tierra en realidad no se han elevado si se toman períodos relevantes y si se detectan tanto en la tierra como en el mar. Sostienen también que en algunas zonas se ha engrosado la capa de ozono y allí donde se ha debilitado o circunstancialmente perforado ha producido un enfriamiento de la tierra y no un recalentamiento. Esto es así debido a que los rayos ultravioletas al tocar la superficie oceánica —especialmente en las zonas tropicales— hace que aumente la evaporación lo que, a su turno, aumenta la densidad de nubes de altura, las que dificultan la entrada de los rayos solares. También sostienen que el fitoplancton consume dióxido de carbono en una proporción diez veces mayor que todo lo liberado por los combustibles fósiles del planeta y que los problemas de la capa de ozono provienen principalmente de fenómenos meteorológicos como las erupciones volcánicas.

Frente a tamañas divergencias y puntos de vista Robert Watson de la NASA señala que si esta discusión encaminara las decisiones a que, por ejemplo, se prohíba la refrigeración "posiblemente más gente morirá por envenenamiento como consecuencia de una refrigeración inadecuada de los alimentos que por la disminución del ozono" y John D. Graham del Departamento de Salud de Harvard dice que como consecuencia de los controles estatales para preservar la ecología dirigidos a los combustibles que usan los automotores, éstos deben ser más livianos y, por ende, son responsables del aumento de muertes debido al mayor número de percances. En este sentido estima que en un solo año los accidentes fatales se elevarán entre 2.200 y 3.900 casos debido a la mencionada regulación y solamente referidos a los modelos de ese año.

En cuanto a la arboleda que ha sido considerada como "el pulmón de la tierra", cuanto mayor sea su necesidad más atractivos resultarán los precios para forestar. Supongamos que el árbol sea tan imprescindible como un antibiótico salvador. Los antibióticos se producen debido a la necesidad que revela la información dispersa a través de los precios. En gran medida a eso se debe el notable estiramiento de la edad promedio de vida de la humanidad (de 22 años a 70 en sólo cuatro siglos). Si se requiere mayor forestación eso es lo que habrá, siempre y cuando los árboles no se encuentren en tierras fiscales puesto que, en ese caso, aparece en escena la aludida tragedia de los comunes: nadie forestará si el provecho lo sacan otros.

La lluvia ácida por su lado se traduce en las precipitaciones que incluyen ácido nítrico y ácido sulfúrico, lo cual, a su vez, proviene de actividad industrial (por ejemplo, plantas eléctricas a carbón y algunos otros combustibles) que genera emisiones principalmente de dióxido de sulfuro y secundariamente óxido de nitrógeno. Esto produce daño a las plantas y la acidez en lagos y ríos muchas veces contribuye a liquidar los peces. Ahora bien, esta relación no es lineal, como bien advierten autores como Robert C. Kaufman, Edwin G. Dolan y Lee Klinger, entre otros. Depende de la presencia de agentes alcalinos y agentes oxidantes habrá o no precipitaciones que contengan proporciones de ácidos y también dependerá de los elementos que en la tierra naturalmente producen un efecto amortiguador de los ácidos. Por otra parte, también hay que tener en cuenta que muchos musgos contienen ácidos orgánicos que potencian el aluminio que naturalmente se encuentra en la tierra, lo cual crea material altamente tóxico para las raíces de las plantas.

En cualquier caso, ya se trate de la capa de ozono o de la lluvia ácida, quien pueda probar la conexión con el daño a su propiedad podrá recurrir a la justicia y obtener el correspondiente resarcimiento. Lo que no tiene sentido es demandar en base a conjeturas y "subjetividades plurales" que pretenden proteger intereses difusos puesto que con ello, en nombre del derecho, se habrá exterminado el derecho. Y no cabe argüir que los gobernantes deben planificar un "desarrollo sostenible" (a veces llamado "sustentable") al efecto de consumir "lo necesario para la generación presente sin comprometer las futuras ni perjudicar el medio ambiente". Esta postura encierra una presunción del conocimiento que no se condice con la condición humana. Como ha explicado Hayek, la Revolución Industrial nunca hubiera tenido lugar si se hubiera racionado el carbón que, por otra parte, luego fue sustituido por el petróleo. Lo importante es trasmitir la mayor dosis de capital conjunto a las próximas generaciones y no empecinarse en trasmitir específico recurso que puede ser sustituido o, como indica Julian Simon, muchas veces puede ser reciclado. Para trasmitir la mayor dosis posible de capital —que significa mayores salarios e ingresos en términos reales— es indispensable que funcione el proceso de mercado y la consecuente asignación de derechos de propiedad.

Por último, para aludir a los temas de mayor importancia vinculados a la ecología, veamos el caso del agua. En primer lugar, debe comprenderse que si se desean conservar, multiplicar y aprovechar los recursos marítimos se hace imperioso privatizar el mar. Por el hecho de que el agua se mueve a ojos vista y la tierra no lo hace, no significa que la naturaleza de la privatización sea distinta. El líquido o el sólido no cambia el argumento. La delimitación se hará con boyas o alambrado electrónico pero la asignación de derechos de propiedad tiene los mismos efectos y también la tragedia de los comunes genera las mismas consecuencias devastadoras.

Lo que corresponde a las plataformas submarinas debería ser subastado por cada gobierno y lo que hoy es mar adentro, debido al tratado interoceánico en vigencia, son las Naciones Unidas las encargadas de velar por esa enorme masa de agua que contiene extraordinarias e inexplotadas riquezas. Aquel organismo debería vender a las poblaciones que componen los países signatarios la propiedad y, en su caso, las respectivas servidumbres de paso. Como ha sugerido Martín Krause, el producido de dichas ventas podría destinarse a los ciudadanos de África (no a sus gobiernos) como compensación parcial al lugar en donde se han reclutado mayor número de esclavos. De este modo no se agrandaría una organización burocrática internacional sobre la que he dado debida cuenta en otra oportunidad.

El otro tema son los lagos y lagunas. Éstas debieran subastarse también, tal vez otorgándole prioridad a los que poseen propiedades sobre la costa. El agua subterránea se asignará junto con la propiedad del subsuelo, es decir, al primer ocupante o a quien lo estaba explotando como concesionario. Si las napas revelan una cantidad de agua mayor que las necesidades que hay por ella, no habrá conflictos. Si no es así, la reducción del caudal debido a la succión de un vecino será motivo de negociación o se trabará la *litis* ante la justicia.

En el caso de los ríos es de gran provecho adoptar lo que el *common law* estableció entre los mineros del oeste estadounidense denominado el *arid region doctrine* que mejoró la *riparian water doctrine* del *common law* inglés en donde el agua era un recurso más abundante. En el primer caso, se aplicaba un principio lockeano o mejor aún kirzneriano: el primer ocupante que descubría un valor se lo apropiaba. Si eran varias las personas localizadas en distintos puntos del río, varios eran los dueños (lo mismo es aplicable si son varios los propietarios en el mismo punto). Así se establecían metros cúbicos o hectolitros por unidad de tiempo, eventualmente cambiantes según la época del año. Sin duda que los usos pueden incluir el río como valor puramente estético. Se aplica el mismo criterio para la riqueza que contiene el río. Si el primer y único ocupante decidiera construir un dique y desviar el curso del río, estará en todo su derecho de proceder en consecuencia. Los futuros compradores simplemente encontrarán un río con un curso distinto del que recorría originalmente.

En otros términos, los problemas ecológicos se minimizan (no se resuelven ya que nada hay humano que sea perfecto) cuanto mayores sean los incentivos a cuidar el medio ambiente y esto se logra en la medida en que se asignen derechos de propiedad. Por ejemplo, si mañana apareciera un procedimiento tecnológico para asignar porciones de la capa de ozono, ésta se mantendría en el nivel óptimo dados los conocimientos disponibles de la humanidad. Prestemos especial atención otra vez a nuestra ignorancia. No está en nuestras facultades diseñar el universo, recordemos que ni siquiera podemos controlar lo que sucede en nuestros propios cuerpos. Menos mal que no se pueden manejar cosas tales como el recorrido de los astros puesto que los choques y explosiones hubieran terminado con varias galaxias. En este mismo sentido no debemos ser terminantes en cuanto a los millones y millones de elementos y procesos que tienen lugar en el plano de la meteorología, la biología y la ecología en general. Como hemos dicho, no tenemos idea de muchas de las consecuencias queridas y ninguna de las no queridas de nuestros propios actos, menos aún la tenemos de los fenómenos que a diario ocurren en el universo. Lo más que podemos afirmar es que la tragedia de los comunes es devastadora para el medio ambiente y para el uso de cualquier bien. Nunca se tiran desperdicios en el jardín o en las habitaciones de la propia casa, sin embargo eso ocurre a diario con lo que es "de todos". Cuando algo es propio se le da el mejor destino, dada toda la información disponible y los errores se corrigen a través del proceso de mercado vía las penalizaciones patrimoniales de los infractores.

Y cuanto más abierto el mercado más se facilita el descubrimiento de posibles exclusiones de *free-riders* si eso es lo que prefieren los participantes en el mercado dada la tecnología del momento, como en el caso de la televisión satelital codificada, los antes mencionados censores en las ballenas, etc. Pero también hay que considerar que los llamados "bienes públicos" pueden serlo para algunos, mientras que son "males" para otros. Como ya dijimos, la internalización coactiva de las externalidades produce una situación inferior en cuanto a eficiencia respecto de los arreglos contractuales voluntarios. Se trata de un proceso evolutivo en el que no cabe intrapolar *ex post* situaciones anteriores, de lo contrario podríamos decir que todas las situaciones son ineficientes ya que el conocimiento es siempre imperfecto. Como ha puesto de manifiesto James M. Buchanan en otro contexto "Si no hay criterio objetivo para la aplicación del uso de los recursos como una forma de establecer la eficiencia en los procesos de intercambio, entonces, mientras los intercambios sean libres y exentos de fraude y violencia, el acuerdo a que se llega es, por definición, eficiente".

En cuanto a la preocupación por el manejo gubernamental del dinero, es útil comenzar con la definición
errada pero muy difundida de la inflación. Se dice que
consiste en "el aumento general de precios". Los errores van por partida doble. Si el aumento fuera general
(incluyendo el precio o poder adquisitivo de los activos
líquidos) no habría problema con la inflación. Los precios de mercado son las tasas de interés, los salarios y
todas las expresiones monetarias de lo que adquirimos
o vendemos. Si mis ingresos aumentan al diez por ciento mensual y los precios de los bienes y servicios de lo
que compro lo hacen en idéntica proporción, no se produce problema alguno con la inflación, en el sentido de
que no hay distorsiones entre los precios de lo que ad-
quiero y los precios que percibo como mis ingresos. Si
los aumentos fueran enormes, seguramente se tendría
que trasladar el dinero en carretilla, habría problemas
con los dígitos en las máquinas de calcular y con las co-
lumnas en los libros de contabilidad, pero no habría
problema en el sentido antes indicado.

El problema grave que genera la inflación es la distorsión en los precios *relativos*. A medida que el nuevo dinero, fruto de la emisión política, se va irrigando toca
distintos sectores con lo que altera las posiciones relativas de los precios. Y el segundo error consiste en suponer que el aumento de precios *es* la inflación, en lugar de percibir que se trata de su *efecto*. De tanto insistir

con esta definición se termina luchando contra los precios estableciendo controles absurdos en lugar de centrar la atención en la expansión monetaria que deciden los gobiernos. Del mismo modo que en medicina se dice que la temperatura no es la infección sino una manifestación de ella, en nuestro caso decimos que los movimientos en los precios son una expresión o un síntoma de la inflación.

Los precios son las únicas señales con que cuenta el mercado para operar y se deben modificar según se modifiquen los gustos, las preferencias, las exportaciones, las importaciones, el atesoramiento, el desatesoramiento, los accidentes climáticos y todo lo que ocurra en el seno del mercado. Si en un momento dado todo el mundo prefiriera el tomate a la lechuga, el precio relativo del tomate subiría y bajaría el de la lechuga. Es decir habría un *cambio* en los precios relativos. Sin embargo, si el gobierno decidiera inyectar (o contraer) dinero, los precios relativos se *distorsionarían* ya que no responderían a las estructuras valorativas del mercado sino a decisiones políticas.

Los cambios en los precios relativos son debidos a causas *endógenas* mientras que las alteraciones se deben a causas *exógenas*. Entonces, la causa de la inflación es la expansión monetaria por causas exógenas (la deflación es consecuencia de la contracción monetaria por causas exógenas) y el efecto es la distorsión en los precios relativos. Esta alteración significa que se estará malguiando a los operadores lo cual conduce al despilfarro de los siempre escasos recursos que, a su vez, disminuye ingresos y salarios en términos reales. Para hacer el cuento corto, inflación es igual a pobreza.

Ahora bien, la banca central o la llamada autoridad monetaria encargada de manipular la moneda y el crédito sólo puede proceder en tres direcciones. Decidir a qué tasa expandirá, a qué tasa contraerá o si dejará igual la masa monetaria. En cualquier dirección que opere estará siempre alterando los precios relativos y si estableciera el monto del dinero en el mismo nivel que la gente hubiera preferido en el mercado no hay razón para su intervención (por otra parte nunca se sabrá cuál es el nivel que el mercado considera conveniente si no se lo deja operar).

Prestemos atención por un instante a las opiniones de dos premios Nobel en economía sobre el particular. En su obra sobre la desestatización de la moneda, Hayek afirma lo siguiente: "Creo que es muy urgente que se comprenda rápidamente que no existe justificación en la historia para el monopolio gubernamental de la emisión de moneda" y Milton Friedman en sus conferencias en Israel publicadas en su libro más difundido sobre moneda sostiene que: "Llego a la conclusión de que la única manera de abstenerse de emplear la inflación como método impositivo es no tener banco central", porque como manifestó veinte años después, en su última obra sobre este tema, parafraseando a otro autor: "la moneda es un asunto demasiado serio para dejarlo en manos de banqueros centrales".

Como dice Friedrich Hayek, el monopolio gubernamental del dinero es uno de los mitos más peligrosos de nuestro tiempo. La banca central y el curso forzoso son responsables de los desajustes monetarios, bancarios y financieros. La moneda es una mercancía más que debido al valor que se le asigna se la utiliza como medio común de intercambio para evitar los problemas que acarrea el trueque y debido a que hace posible el cálculo económico. Preguntarse qué cantidad de moneda debe haber es lo mismo que inquirir acerca de qué cantidad de zanahorias debería haber. La respuesta es la misma: depende de lo que requiera el mercado.

Tal vez con el progreso de la cibernética desaparezca el billete bancario (el recibo por moneda-mercancía depositada) con lo que reaparecerá en primer plano el activo monetario que respalda la operación ya que nadie estará dispuesto a trabajar recibiendo aire a cambio (que es básicamente el patrón monetario de hoy en día). Si se recupera el sentido común, expresiones como el tragicómico *fine tuning* con el tiempo se relegarán al olvido como un ejercicio de brujos mediocres, y se comprenderá que la banca central independiente sólo hace que las distorsiones en los precios relativos se produzcan de modo independiente ya que, como hemos visto, no hay forma en que las autoridades del banco central dejen de producir desajustes. Y, de paso, desaparecerán aquellos "consultores" que con pose de circunstancia cobran jugosos honorarios con la venta de *inside information* que obtienen de los pasillos del poder como si fueran fruto de sus personales indagaciones futurológicas.

Es curioso, pero una de las objeciones a la libertad en materia bancaria y monetaria es la alegada "asimetría en la información". Toda transacción se basa en información diferente, incluso la distinta valorización de un objeto implica información asimétrica (de lo contrario habría poca razón para el intercambio). En la medida en que las personas que operan en el mercado deseen que cierta información se generalice ésta se generalizará, por ejemplo, al asegurar depósitos como medio de conocer la situación de la banca a través de la evolución de las primas correspondientes. Lo que no es aceptable es la asimetría artificial impuesta por actitudes crípticas de funcionarios públicos que bloquean información que debe ser trasparente.

En cuanto a las eternas debacles fiscales, éstas se deben a la prepotencia de gobernantes con marcadas vocaciones autocráticas. Piensan que las haciendas de los gobernados les pertenecen. Consideran que son sus súbditos. Tratan a los que viven en su jurisdicción como si formaran parte de un inmenso limonero que hay que exprimir al máximo, sin matar la planta para que siga dando jugo. No hay necesidad de ser muy perspicaz para darse cuenta que este trato está a años-luz de lo que significa el respeto más elemental.

Uno de los últimos números de *The Ecomomist* de Londres, muestra que antes de la primera guerra mundial las estimaciones de la participación del gasto público sobre la renta nacional era entre el dos y el cinco por ciento en los países civilizados. Actualmente ronda entre el treinta y el cincuenta por ciento y cada vez que a un gobernante le incriminan estos abultados gastos alega que en el país vecino es más alto el porcentual, como si se estuviera corriendo una desenfrenada carrera para ver quién explota con más rigor a la población.

Hace unos días se publicó un trabajo que mostraba que en la Edad Media el siervo de la gleba entregaba el treinta por ciento del fruto de su trabajo al señor feudal y, como contrapartida, recibía seguridad. Ahora los hay que pagan el cincuenta por ciento y, como contrapartida, reciben inseguridad. Piénsese en este porcentaje horripilante: se debe trabajar de enero a julio para el gobierno y recién de agosto a diciembre para el titular.

Como hemos dicho, parecería que sólo falta el *jus primae noctis* para completar el drama. ¿Hasta cuándo abusaréis de nuestra paciencia Catilina?

Y para financiar tanto dislate se recurre no sólo a los impuestos y a maniobras monetarias más o menos encubiertas sino que se echa mano al endeudamiento público lo cual implica el procedimiento inmoral de comprometer los patrimonios de futuras generaciones que ni siquiera han participado en el proceso electoral para elegir al gobernante que contrajo la deuda.

Esta avalancha de succiones coactivas a la hacienda del prójimo deben frenarse. En esta instancia del proceso de evolución cultural lo primero es intentar a través del Parlamento, pero si éste resultara un apéndice del ejecutivo o si a los que calientan bancas no les viene en gana recortarse y recortar erogaciones debe recurrirse a la desobediencia civil. Esto no significa en modo alguno la resistencia armada —ya hemos reflexionado sobre los problemas que esto crea— sino que se circunscribe a no pagar ciertos impuestos para poner las cosas en caja y poner límite a los desvaríos de los zares y sus asociados.

En este sentido "la evasión fiscal" es el derecho a la defensa propia. Todos comprenden que mientras no esté suficientemente difundida otra forma de financiar la seguridad y la justicia (lo cual paradójicamente es lo que no ofrecen la mayor parte de los gobernantes) deben pagarse impuestos y si no se procede de ese modo se considera que el candidato está en falta. Esto último no ocurre cuando el monopolio de la fuerza se extralimita en la exacción. Se dice que esta desobediencia civil no puede dejarse librada al criterio de la gente, pero es que en definitiva todo lo que ocurre está en manos de la gente. La otra forma de considerar las cosas es que estén en manos de los gobernantes aunque existan sistemas electorales tramposos que a través de las más variadas cortapisas no permiten que los representantes representen a la gente. Hay temas que pueden esperar a reformas legislativas pero hay otros que provocan una lesión tan grave que es menester pensar en procedimientos que corten de cuajo la hemorragia. Numerosos casos en la historia atestiguan la validez del procedimiento, empezando por los Estados Unidos desde la antesala de la independencia con el entuerto de los impuestos al té hasta la *proposition thirteen.*

Como queda dicho, en medio de su diatriba contra los evasores, el ministro anunció que elevaría las alícuotas del impuesto progresivo a las ganancias y se pronunció en favor del principio de subsidiariedad. Viene al caso decir que una de las tantas maneras de comprobar la evasión de los antievasores es recorrer los anticuarios de cualquier ciudad. Allí, casi con seguridad, si hay confianza con los propietarios del local, se podrán comprobar las asiduas visitas de las mujeres de ministros y parlamentarios y sus asesoras en decoración comprando cómodas, tapices, pinturas y demás "sin factura". Dicho sea de paso en medio de lo patético resulta entretenido oír los cuentos de las decoradoras indiscretas sobre el gusto abominable de sus clientas y los esfuerzos titánicos que deben realizar para que la mesa de caoba del siglo XVIII recién comprada no vaya al lado de sendas esculturas de ónix con algunos turcos practicando ejercicios copulatorios de vanguardia.

En todo caso hagamos un corto *close up* sobre el impuesto favorito del ministro. El impuesto progresivo termina siendo regresivo, altera las posiciones patrimoniales relativas, favorece a los ricos y es un castigo progresivo a la eficiencia.

Aquellos sobre quienes percute la mayor progresividad se verán obligados a reducir su tasa de inversión lo cual se traduce en una menor capitalización que, a su vez, carcome ingresos y salarios. Las más perjudicadas son las personas de menor poder adquisitivo.

También altera las posiciones patrimoniales entre las personas (cosa que no ocurre con los impuestos proporcionales), lo cual significa que la gente en el mercado asignó sus ingresos de acuerdo a sus preferencias y el fisco, vía la progresividad, contradijo las inclinaciones del consumidor otorgándole distinto peso a sus compras. Esto hace que se desperdicie capital y, a la postre, también repercute negativamente sobre los salarios de la gente.

La progresividad tiende a crear un sistema de inmovilidad social y de bloqueo al ascenso y descenso en la pirámide patrimonial. Quienes han acumulado patrimonio antes del impuesto progresivo, en esta nueva situación atienden los requerimientos del fisco con ganancias, pero los que vienen ascendiendo dificultosamente la pirámide son expropiados casi al primer paso. Se crea así una especie de sistema feudal.

En la conferencia, el ministro intercaló su trasnochada idea sobre la subsidiariedad, un principio que ha servido para justificar las más alocadas aventuras gubernamentales. Esto es así porque el referido principio en su forma más cruda sostiene que lo que no hacen los privados lo debe hacer subsidiariamente el estado, sin percibir que si la gente no produce tal o cual bien es porque dada la estructura de capital imperante y los gustos del momento, prefiere destinar los recursos a otras áreas que considera prioritarias.

Después de la ceremonia, el encumbrado funcionario oyó con gran atención las ponderaciones de quienes lo rodearon agazapándose en torno al ministro cual abejas en la colmena. Tenía sin embargo la preocupación vital por conocer el destino de una nueva transferencia *non sancta*. Vale la pena destacar que al día siguiente un columnista se mostró disconforme con la performance del ministro lo cual le costó al diario una severa reprimenda por "la crítica negativa" y el retiro de algunos avisos trabajosamente pergeñados desde la cúpula del poder "en solidaridad" con el capitoste del momento.

Parodia del siglo: Washington y la pobreza en el mundo

A lo lejos se oía el último repiquetear de los tambores. A pesar de Copérnico, el sol se había puesto después de dibujar una inmensa llamarada que quedó estampada por algunos instantes en el horizonte africano. Era el turno de las aves nocturnas que, después de apagada la gigantesca pincelada naranja, comenzaron a proferir alaridos de ida y vuelta en el interminable y por momentos pavoroso espacio de selva y llanura oscura que rodeaba al descomunal castillo "privado". Era el de un nuevo emperador que había decidido mudar su *status* abandonando el título de rey que consideraba que le quedaba chico "en vista de su astronómica dimensión como estadista" (chupamedias *dixit*). Un emperador recién coronado en las puertas del siglo XXI. Los habitantes de piel habano lustroso de aquel pequeño y arrugado país se debatían en la miseria más espantosa. Ellos y

183

sus pocas pertenencias en realidad eran del nuevo emperador y de su corte compuesta en el estrato superior por sus setenta y dos hijos y sus veinte mujeres que desfilaban como rotativas marcadas por un azaroso turno que las convertía en las favoritas del momento.

De lejos la porción más importante de la fortuna del emperador se encontraba a buen recaudo en el exterior, la mayor parte de la cual provenía de la ayuda que proporcionaban agencias internacionales que disponían alegremente del fruto del trabajo ajeno. Durante ese anochecer en pleno corazón del continente negro tenía lugar una descomunal fiesta en el castillo que se decía *privado* no sólo porque pertenecía personalmente al emperador de marras sino, sobre todo, porque era el resultado de todo lo que *privaba* a sus súbditos. Era efectivamente el peor de los parásitos que chupaba gota a gota la sangre de sus subordinados, sin solución de continuidad.

Al asumir el nuevo cargo había dispuesto cambiarse el nombre, de modo que pasó de utilizar el apodo de un animal feroz a una fonética cacofónica que sonaba a supositorio (aunque el emperador no lo percibía debido a que no se lo permitía su insensibilidad supina que se exhibía sin recato con sólo observar sus grotescos desplazamientos bañados generosamente por inusitadas poses altivas y pendencieras).

Versalles era un poroto, no en cuanto a gusto y refinamiento sino en cuanto a tamaño. El oro, el marfil, los mármoles de Carrara y las sedas se desparramaban por todas partes como cataratas irrefrenables. Era tal la proliferación, que produciría rechazo a cualquier persona medianamente sobria, pero en el avanzado estado de ebriedad y consumo de drogas pesadas de los invitados, no daban lugar a la más mínima rendija para advertir nada de la estrafalaria y pegajosa decoración.

Los invitados de honor eran una docena de funcionarios de una repartición oficial con sede en Washington y que se daba a conocer por medio de siglas altisonantes. Todos sabían que la parte del león se la llevaba a sus bolsillos el recién coronado emperador y ex-rey con nombre de supositorio, pero ése "era el costo que había que pagar" para que los lectores de los pesados volúmenes que suelen producir las agencias internacionales (como ésta, la de las siglas rimbombantes) se dieran cuenta que los fondos se destinaban a países pobres y así se justificaban los sueldos y las posiciones de los burócratas, muchos de los cuales iban "prendidos" en lo que agarraba a manos llenas el emperador y ex-rey del pueblo que se debatía en el hambre, la enfermedad y las humillaciones y vejámenes más detestables.

Ya con anterioridad otro turno de burócratas de Washington había asistido a la coronación que venimos co-

185

mentando y todos supieron que solamente la corona, fabricada en Londres, costó dos millones de dólares. Si este relato puede parecer exagerado, los invito a que se detengan en la noticia que dejaré consignada antes de cerrar esta misma sección de mi discurso en donde se refleja el subconsciente de los amantes del poder quienes, por otra parte, parafraseando a Jaspers, "confunden grandeza con notoriedad".

Hoy, el país más rico del mundo sufre de diversos achaques. Más de uno se le tira encima demandándole a los gobernantes la entrega de parte del fruto del trabajo de su población. Unos acceden a la petición como consecuencia del complejo de culpa que los invade. Otros aceptan porque piensan que es un modo efectivo de contar con amigos allende las fronteras. Los menos sostienen con razón que la entrega coactiva de recursos no sólo perjudica a los locales sino que los recursos destinados a otros gobiernos constituyen desincentivos para el progreso y que sólo consiguen enemigos que tratan de demostrar a los cuatro vientos que son independientes para lo cual deben insultar a los norteamericanos y, si es posible quemar su bandera. Por último, les ocurre lo peor: están latinoamericanizando algunas de sus conductas y políticas.

El complejo de culpa nace de la equivocada noción de la formación de la riqueza. Se piensa que se trata de un juego de suma cero: lo que uno adquiere es en desmedro de otro. Siempre hay una explotación subyacente. Esto se conoce como "el dogma Montaigne" que proviene de aquel mercantilista del siglo XVI que sostenía que la riqueza de los ricos es consecuencia de la pobreza de los pobres o que la pobreza de los pobres se debe a la riqueza de los ricos. El equívoco surge de seguirle el rastro al lado monetario de la transacción haciendo caso omiso al lado no-monetario. En otros términos, si alguien vende una mesa se enriquece por el monto que recibe a *expensas* de quien entregó la suma sin percibir que este último se enriqueció al recibir el bien que a su juicio era de mayor valor que la suma que entregó a cambio (por eso realizó la transacción).

Este análisis mercantilista conduce también al afán morboso por la acumulación de efectivo como si eso fuera la medida de la riqueza. Nadie que sepa algo de introducción a la contabilidad establecerá como criterio de mayor riqueza el monto que figura en caja y bancos. Más aún, quien tenga más abultado ese rubro puede estar quebrado. Lo relevante es el patrimonio neto y no el grado de liquidez. Pero en todo caso, de esta peculiar concepción nace la idea de que el rico le debe al pobre ya que de algún modo le ha sustraído su patrimonio. No parece comprenderse que la riqueza no es estática y que no se rige por la suma cero. Al contrario, es un juego de suma positiva. En toda transacción libre y voluntaria ambas partes ganan y así se incrementa la riqueza conjunta, corrigiéndose, *ex post*, los desaciertos según sea el veredicto del consumidor acerca de los pasos seguidos oportunamente por los comerciantes.

Otro canal a través del que se filtra el complejo de culpa es por medio del llamado deterioro en los términos de intercambio. Con esto se quiere decir que los países pobres reciben cada vez menos a cambio de entregar cada vez más de lo que ellos producen. Es decir, habría un deterioro en la relación de cambio de productos manufacturados frente a los no-manufacturados en detrimento de estos últimos, con lo que tendría lugar una explotación sistemática.

Hay varias observaciones que hacer a este esquema. En primer lugar, término de intercambio quiere decir precio relativo, lo cual, en sí mismo, no significa nada respecto de mejoras o empeoramientos. Por ejemplo, en la época en que aparecieron los primeros automotores, éstos tenían cierta relación de cambio (términos de intercambio) con la cebada; hoy, esa relación comparada con aquella época le es desfavorable al automotor ya que se ha convertido en un bien de uso popular y, sin embargo, los resultados operativos y los patrimonios de la industria automotriz son más favorables que en el período anterior.

En las series estadísticas del "deterioro de los términos de intercambio" muchas veces se suelen comparar cosas distintas. Por ejemplo, en una columna se pone "trigo" y en otra "tractores" pero los tractores van cambiando de características según sean los cambiantes modelos, mientras que el trigo es el mismo y producido en mejores condiciones, en buena parte debido a los mejores tractores. Por último, si observamos la alta proporción de bienes no-manufacturados que comercian entre sí los países "desarrollados", deberíamos concluir que los países más ricos se estarían explotando entre sí.

Generalmente se sostiene que el deterioro de los términos de intercambio es especialmente alarmante en los casos de las ex-colonias ya que han sido, en todos los órdenes, las víctimas principales de la explotación. Pero esto último tampoco es cierto. No puede afirmarse que *siempre* las colonias se han retrasado por estar en esa condición. Pensemos en los casos de miseria de lugares tales como Nepal, Etiopía, Liberia, Tibet y Afganistán que nunca fueron colonias frente a los casos, por ejemplo, de Hong Kong y los Estados Unidos como colonias británicas. Por esto es que la entrega coactiva de recursos, principalmente por parte de los Estados Unidos, frecuentemente se han destinado a ex-colonias "para compensar" y de ese modo "ganar amigos" en las zonas más sensibles.

En relación a la "ayuda" internacional, es de interés consultar un cuadro proporcionado por la Heritage Foundation de Washington, D.C. en donde se ve que los apoyos financieros *directos* que otorgan los Estados Unidos no sirven ni siquiera para obtener votaciones favorables a las propuestas que el gobierno de ese país presenta en las Naciones Unidas. Los datos se refieren a las votaciones que tuvieron lugar durante el período Septiembre-Diciembre de 1988 (inmediatamente antes de la caída del Muro de Berlín). El cuadro muestra, sobre el total de votos, qué porcentaje de aprobación por país obtenía la ex-URSS en cada caso cuando presentaba una iniciativa y, por otra parte, qué ocurría con las votaciones favorables frente a las sugerencias de los Estados Unidos. Miremos el cuadro:

| | % de apoyo | | Ayuda financiera |
	EE.UU.	URSS	de los Estados Unidos (en miles)
Egipto	8,62	98,64	2.309.731
Pakistán	8,94	99,35	646.047
Turquía	26,83	89,62	594.215
El Salvador	17,53	94,62	507.764
Filipinas	12,28	98,64	393.524
Grecia	31,71	87,74	344.250
Honduras	20,00	94,49	254.928
Guatemala	14,29	97,83	181.240
Costa Rica	18,56	95,97	179.448

	% de apoyo		Ayuda financiera
	EE.UU.	URSS	de los Estados Unidos
			(en miles)
Bangladesh	8,47	99,32	164.996
Jordania	11,76	97,96	152.941
Portugal	68,35	55,67	147.364
Indonesia	8,06	99,36	140.255
India	6,67	100,00	138.023
Marruecos	7,83	98,64	134.929
España	52,00	72,92	113.000
Haití	13,59	98,51	98.827
Jamaica	13,33	98,35	87.801
Tailandia	11,65	98,53	81.699
Sudán	7,26	99,34	81.663
Tunicia	8,40	99,34	78.265
Bolivia	10,91	98,61	72.174
Zaire	13,13	97,69	60.551
Kenia	10,74	98,70	59.892
R. Dominicana	17,31	95,52	56.931
Perú	11,61	98,62	56.531
Sri Lanka	9,76	98,06	51.473
Somalia	9,92	99,35	49.978
Ecuador	11,71	98,61	49.112
Senegal	8,77	99,32	47.086
Yemen	5,93	100,00	41.483
Liberia	12,38	98,51	41.001
Mozambique	5,17	100,00	38.629
Irlanda	42,86	79,21	35.002

	% de apoyo		Ayuda financiera
	EE.UU.	URSS	de los Estados Unidos
			(en miles)
Camerún	12,00	98,44	33.811
Nigeria	8,55	99,33	26.385
Líbano	9,65	100,00	22.778
Zambia	8,33	98,68	22.292
Chad	11,71	98,60	19.517
Tanzania	6,90	100,00	18.836
Birmania	10,09	97,89	17.761
Nepal	10,81	98,61	17.539
Ghana	8,94	99,37	17.289
Colombia	13,21	98,57	16.604
Madagascar	7,44	100,00	16.466
Botswana	11,71	98,63	16.029
Belice	17,17	95,08	15.884
Lesotho	12,50	97,06	15.309
Omán	8,04	98,58	15.017

Por otro lado, cuando los organismos internacionales financiados coactivamente con los recursos de la gente que habita en los países considerados más ricos de la tierra son entregados a los gobiernos de los países más pobres, se está perjudicando no sólo a los habitantes de los primeros países, sino también a los de los últimos. Esto es así debido a que los países tercermundistas están en esa categoría debido a las políticas desatinadas de sus gobernantes. Empresas estatales, fijación de precios, gasto público galopante, reformas agrarias, monopolios artificiales, regimentación de prácticamente todo, inflaciones desbordantes, control de cambios, organismos reguladores por doquier, inexistencia de división de poderes e independencia de la justicia, corrupción impune etc., etc., son las características centrales de esos países. Por tanto se fugan los mejores cerebros y los capitales locales buscan otros refugios. Y en medio del desparramo llegan carradas de dólares de los susodichos organismos internacionales y de banqueros que nunca hubieran arriesgado sus recursos si no fuera que tienen sus espaldas cubiertas por las referidas organizaciones internacionales. Indudablemente esto constituye un fuerte incentivo para que los gobiernos que reciben la ayuda continúen con su política, además del fraude en cuanto al destino de los fondos: *selección adversa* y *riesgo moral* para usar analógicamente términos del campo de los seguros.

No interesa aquí si la ayuda es en forma de donaciones o préstamos a tasa de interés más baja que la del mercado o a plazos mayores de los que allí se estipula o si se trata de una combinación de estas posibilidades, lo cierto es el efecto negativo sobre los receptores, además, claro está, de los daños que se crea entre la población que se ve obligada a entregar recursos (sin perjuicio de subsidios cruzados: como que el agricultor

193

estadounidense, vía impuestos, debe solventar las ganancias del banquero que realiza los préstamos merced al mencionado apoyo logístico).

Los trabajos de Peter Bauer, Karl Brunner, Melvyn Krauss y Basil Yamey rebasan de ejemplos sobre los destinos absurdos de las ayudas internacionales. Concluyen que estas ayudas o "créditos blandos" deben ser totalmente cortados si se quiere realmente ayudar a los países pobres (además de liquidar los organismos gubernamentales "de ayuda"). En ese caso los gobiernos se verán forzados a modificar sus políticas y sus marcos institucionales para atraer inversiones y recuperar muchos de los recursos humanos que se han fugado en busca de mejores horizontes.

Algunos de estos organismos internacionales aparecen como conservadores si se los compara con las políticas de ciertos gobiernos, pero esto no cambia la necesidad de terminar con instituciones basadas en el despojo. En otros casos se ha llegado a la curiosa situación de que alguno de estos organismos presta fondos para "las privatizaciones" (generalmente traspaso de monopolios) sin prestar atención al hecho —que no es menor por cierto— de que si realmente se creyera en la privatización la institución prestamista debería dar el ejemplo.

Los nacionalismos han contribuido grandemente a entorpecer una visión más globalizada del planeta en cuanto a los efectos netos de la distinta políticas, en especial las referidas a las "ayudas" coactivas que ahora estamos considerando. Retirado el velo nacionalista se podrá escudriñar el problema con mayor claridad.

Detengámonos un instante en el tema del nacionalismo que tanta sombra proyecta sobre muy diversos asuntos, además de los que ahora estamos considerando. En verdad, desde la perspectiva de la sociedad abierta, la división del mundo en jurisdicciones territoriales sólo se justifica para evitar los riesgos de abuso de poder por parte de un gobierno universal. El fraccionamiento del poder, a su vez, se extiende a las provincias y éstas en municipios y así sucesivamente. Pero de allí no surge que las fronteras se deban convertir en vallas infranqueables para el movimiento de bienes y de personas. Los ríos, las montañas y las fronteras políticas no modifican los nexos causales del derecho ni de la economía por el mero hecho de que se lo propongan patrañas tejidas por los brujos del momento quienes siempre están sedientos de disposiciones inventadas con la malsana intención de domar y amansar a sus congéneres.

Las ayudas internacionales utilizan a las naciones como antropomorfismos en lugar de referirse a personas concretas que entregan mercancías a cambio de montos específicos de dinero. Buena parte de los burócra-

195

tas internacionales sostienen en sus frondosos documentos que las fronteras son una consecuencia natural
del lenguaje, la raza y una historia común y de allí surge "el ser nacional" que resulta de "la identidad nacional", todo lo cual justificaría el tratamiento de agrega-
dos. Sin embargo, nada hay de natural en las fronteras
que como ha dicho Mario Vargas Llosa "están construidas sobre la base del cementerio". Son el resultado
de conflictos bélicos, de pactos, traiciones y componendas. Paul Johnson sostiene que "Todas las naciones
nacieron en la guerra, la conquista y el crimen, habitualmente ocultos en la oscuridad de un pasado distan-
te"; y Octavio Paz apunta con gran sabiduría que "La
famosa búsqueda de la identidad es un pasatiempo intelectual, a veces también un negocio de sociólogos de-
socupados".

Toda lengua es una mezcla intrincada de otros lengua-
jes y dialectos. Se trata de un proceso evolutivo de orden espontáneo. Si nos topamos con un texto escrito en
castellano antiguo o inglés antiguo seguramente no en-
tenderemos lo que dice. Los diccionarios son libros de
historia. La lengua que se ha construido deliberadamente tal como el esperanto no sirve para los propósitos de la mejor comunicación. Se ha señalado que el
lenguaje es un magnífico ejemplo de cómo algo que resulta esencial para pensar y para trasmitir los pensamientos surge espontáneamente sin control ni regimen-

tación alguna y cuando esto último se ensaya, el resultado es un fracaso estrepitoso. En todo caso, observamos que hay naciones como Suiza y Canadá donde se hablan distintas lenguas y sin embargo se trata del mismo país y que en América latina se habla el mismo lenguaje y sin embargo se trata de distintas naciones. *Ergo*, la lengua no establece las fronteras.

Algo similar ocurre con la raza. Se trata de un estereotipo. Todos tenemos mezclas de los más diversos tipos. Por eso los sicarios nazis tatuaban y rapaban a sus víctimas para distinguirlas de sus victimarios. Por otro lado, no hay más que echar una rápida hojeada a prácticamente cualquier país para constatar que la raza no establece fronteras sino que las hay muy diversas en las distintas jurisdicciones territoriales (sin descuidar el hecho de que Darwin ha sostenido que hay tantas clasificaciones de razas como clasificadores).

Respecto de la historia común, desde luego que si se encierra a diez personas en un *placard* durante veinte años tendrán una historia común pero, así puesto, se trata de un chiste de mal gusto. Si hay libertad migratoria y libertad para intercambiar todas las informaciones que se desea, se fortalecerán las historias individuales (a menos que la historia se circunscriba a los mandones de turno o a la geografía).

197

¿Que dirían ustedes si se presentara un caso en el que la mayor parte de los organismos internacionales con sede en Washington hubiera otorgado suculentas sumas a un gobierno que se echaba encima la mayor parte de los recursos teniendo en cuenta que las sumas eran las mayores *per capita* de todo lo otorgado en la historia de esos organismos? Bueno, ése es el caso de Zaire. En el diario *La Nación* de Buenos Aires (abril 4 de 1997) se lee un despacho desde París que dice así: "El general Mobutu Sese Seko tomó el poder el 24 de noviembre de 1965 [...] tenía ambiciones desenfrenadas y un profundo desprecio por las reglas democráticas [...] el futuro dictador, siempre caracterizado por su inseparable sombrero de piel de leopardo [...] desde joven militó en los movimientos [nacionalistas] por la independencia del Congo y fue también ministro de defensa del gobierno de Patricio Lumbumba (fundador del nuevo estado africano); se nombró a sí mismo jefe de estado y guía de Zaire dos meses después de derrocar a Kasavubu. Hasta 1991, apoyado por su partido nacionalista Movimiento Popular de la Revolución (MPR), pero sobre todo gracias a la fidelidad del ejército, el poder de Mobutu fue absoluto. En esas décadas cometió una larga serie de violaciones a los derechos humanos y acumuló una enorme riqueza. De hecho una de las mayores del mundo [...]. Su monstruoso patrimonio líquido ronda los 8.000 millones de dólares [una friolera para estos mequetrefes]. A ello hay que sumar sus castillos en Bélgica, la Villa del Mar en Rocquebrune-Cap Martin sobre la Costa Azul, un departamento de 800 metros cuadrados sobre la exclusiva avenida Foch de París, un edificio de 32 habitaciones en Suiza y un yate anclado también en un puerto de la Costa Azul. Aunque Zaire tiene un rédito *per capita* de 200 dólares anuales, Mobutu se hizo construir —a expensas del Estado— un extraordinario palacio en Gabadolite, su pueblo natal, dotado de una pista de aterrizaje ultramoderna donde puede posarse un Concorde".

Recién en 1991, después de 26 años de tiranía, Washington le retiró el apoyo a este corifeo estrafalario y a su séquito porque ya no se pudo seguir disimulando tanta barrabasada. Merced a algún otro estipendio de gobiernos occidentales (incluyendo el francés), Mobutu pudo resistir cuatro años más, luego de los cuales cayó irremisiblemente su régimen de terror que había recibido paquetes multimillonarios de dólares durante su reinado absolutista. El libro sobre la pobreza y la ayuda internacional de Bandow y Vasquez recopila una impresionante lista de casos similares de dilapidación, incentivos a las malas políticas y corrupción que deja estupefacto al más erudito en estos escabrosos menesteres.

Algunos de los resultados de este tipo de ayuda no resultan tan escandalosos. Unas operaciones se hacen de modo más encubierto, otras son más abiertas, en unas

están involucrados funcionarios honestos, en otras no,
pero todas resultan nefastas ya que se recurre por la
fuerza al fruto del trabajo de personas que no hacen más
que administrar fondos que el mercado les confía y de
ese modo están sirviendo de la mejor manera a satisfa-
cer las necesidades de otros, al tiempo que sirven sus
propósitos de mejorar sus situaciones. Si los recursos
los obtuvieron del asalto a sus congéneres deben ser
castigados y si el asalto es consecuencia de sistemas
institucionales perversos hay que apuntar a sustituirlos
por otros que resulten compatibles con la sociedad
abierta, pero en ningún caso se justifica arrancar por la
fuerza recursos y entregarlos a otros. Además, los receptores naturalmente tenderán a dilapidar lo recibido
puesto que estarán malguiados por señales falseadas ya
que, como hemos dicho antes, la tasa de interés es inferior a la del mercado y los plazos de reembolso y períodos de gracia son más extensos que los que establece el
mercado. Por eso es que Harry Johnson se opone a que
este sistema sea bautizado como el "nuevo orden económico internacional". Johnson dice que no es nuevo
porque es el sistema primitivo de la exacción, no es orden porque crea caos, no es económico porque provoca
despilfarro y no es internacional porque se basa en la
autarquía y en normas ajenas a la consideración más
elemental que se debe al derecho de gentes.

Lamentablemente se ha hecho del poder político una

verdadera religión secular, debemos estar siempre alertas a sus triquiñuelas y trapisondas porque como muy acertadamente vaticinó Acton en sus clases sobre historia moderna en la Universidad de Cambridge: "La pasión por el poder sobre otros nunca cesará de amenazar a la humanidad y siempre encontrará nuevos e imprevistos aliados para continuar con su martiriología".

Dirigencia sindical en escorzo

Rompió el lápiz de la furia que lo invadía. Sentía una especie de hervor que lo consumía por todas partes. Por momentos se le nublaba la visión. No podía creer lo que estaba oyendo. Apenas la semana anterior había estado en televisión con su consabida campera para aparecer como obrero ante "la gilada", aunque a la vuelta lo esperaba el chofer con un lustroso Mercedes-Benz azul francia. Sus jefes lo habían felicitado calurosamente por su actuación. Los mismos que ahora en una reunión que parecía inofensiva le anunciaban de un plumazo que lo dejarían sin el curro en la Dirección Nacional de Vialidad y su puesto en el directorio de la repartición del Seguro Social dependiente del Ministerio de Bienestar. En el primer caso, porque el periodismo de investigación había puesto claramente al descubierto el cohecho y en el segundo, porque otra línea interna se encargó de que la opinión pública supiera que en la sección "obras sociales" se llevaban a cabo abortos clandestinos. En aquella sorpresiva reunión también se le echó en cara un negociado en un club de *football* al que ya no estaba vinculado desde hacía más de un año pero que, para ocultar los motivos de su alejamiento y tal vez por despecho, de muy mal talante alegó que su retiro se debió a que el deporte se había degradado a partir de la profesionalización. Ya los contertulios estaban acostumbrados a que intercalara diatribas contra el marxismo y defensas del keynesianismo aunque tales alegatos nada tuvieran que ver con los temas tratados. Los traía a colación seguramente porque consideraba que eso le daba cierto lustre y lo rodeaba de algún aura de sindicalista sofisticado ante sus pares.

Los sindicatos son asociaciones de trabajadores que en una sociedad abierta deben servir para todo lo que los asociados consideren pertinente, siempre que no sea la lesión de derechos de terceros, en cuyo caso se convertirían en asociaciones ilícitas. Pueden establecerse para que les informen a los socios cómo evolucionan los salarios en distintas regiones, para actividades recreativas, para la atención médica (por supuesto que en competencia abierta con otras instituciones que deseen prestar servicios en el mismo rubro) y cualquier fin que deseen los miembros, quienes aportarán voluntariamente sus fondos para cumplir con las metas propuestas. Los directivos se elegirán por los procedimientos que libre y voluntariamente decidan establecer los fundadores por más que les parezca absurdo a personas ajenas al sindicato en cuestión. Si los interesados deciden contar con muchos sindicatos eso es lo que habrá, si decidieran no contar con ninguno no habrá ninguno, si se pensara que es más conveniente un sindicato por empresa, eso habrá, y si decidiera el establecimiento del unicato, eso es lo que ocurrirá.

Lamentablemente la situación descripta no es lo que tiene lugar en muchas partes. Existen sistemas en los que se otorga representatividad legal *a un sindicato* por rama de actividad al mejor estilo fascista, con lo cual tiene vigencia la representatividad coactiva *de facto*. Si a esto se agregan aportes coactivos y afiliación obligatoria la situación se torna intolerable, pero aunque estas últimas condiciones no existieran el régimen autoritario queda entronizado con la referida representación coactiva. Generalmente se sostiene que la exclusividad en la representatividad se la otorgan al sindicato de cada rama que tenga más afiliados pero casi siempre terminan dándosela al más adicto al gobierno de turno. De cualquier manera, resultan irrelevantes las razones por las cuales se concede la facultad de representar a quienes en libertad se hubieran hecho representar por otros, por ninguno, o haciéndolo a título personal. No hay argumento moral, ni jurídico ni económico para recurrir a estos procedimientos basados en la pura prepotencia. Si prefieren la representación por otro conducto hay un perjuicio material para los interesados y una lesión a sus respectivos derechos, y si la representatividad la hubiera logrado de igual modo resulta a todas luces superflua la legislación.

El "poder sindical" está íntimamente vinculado con las huelgas, las cuales tienen dos acepciones sustancialmente distintas. La primera significa el derecho a no trabajar que en una sociedad libre lo debe tener todo el mundo. El derecho a trabajar implica el de no hacerlo en el momento que se quiera, a menos que existan expresas estipulaciones contractuales en cuanto a tiempos de preavisos etc., por eso es que, con razón, se dice que el médico no puede ejercer el derecho a no trabajar en el quirófano en medio de una operación o el bombero en medio de un incendio.

La segunda acepción implica el procedimiento inmoral de pretender estar y no estar al mismo tiempo en el puesto de trabajo. Es decir, supongamos que una persona está trabajando para ustedes y que la tarea consiste en pintar las paredes de determinados ambientes. Supongamos que se le paga lo convenido por el primer ambiente, después de lo cual el candidato se dirige a ustedes para solicitarles un aumento en la remuneración y por alguna razón, que no es del caso considerar, ustedes deciden no otorgársela. La huelga, en esta segunda acepción, significa que el candidato no pinta los otros ambientes pero tampoco permite que terceros lo hagan porque forma un "piquete" amenazando con romperle la nuca a quien pretenda sustituir al trabajador en cuestión.

Este procedimiento intimidatorio y violento no sólo afecta los derechos de las partes contratantes sino que perjudica gravemente la asignación de recursos humanos y, por tanto, se traduce en malasignación de capital y, consecuentemente, disminuyen los salarios. Supongamos que por arte de magia pudiéramos asimilar la empresa a un país. La gente que está trabajando solicita un incremento y la otra parte no lo otorga, si se decidiera una huelga general ésta necesariamente se traducirá en desempleo, del mismo modo que si se hubieran subido salarios por decreto a un nivel superior al de mercado, es decir, superiores a lo que permite la tasa de capitalización. Sin duda que esto se puede disimular recurriendo a mecanismos monetarios espurios pero, en ese caso, se convierten los aumentos en nominales, con el agravante de los efectos de la inflación.

Muchas veces el "piquete" no resulta necesario porque el gobierno declara la huelga "legal", y, por ende, institucionaliza la violencia y la intimidación. Entonces la huelga en su primera acepción es absolutamente compatible con una sociedad abierta e incompatible con la segunda. Esto no siempre se comprende puesto que tras el razonamiento se esconde el hecho de que no se entiendan las causas de ingresos y salarios que, como hemos comentado, se basa en los índices de capitalización y no en las voluntades de pagar menos o de cobrar más.

De más está decir que es perfectamente lícito que todos quieran aumentar sus ingresos. El asunto es comprender que cuando se pide un aumento es porque se estima que se está subvaluado en términos del mercado. Hay todo el derecho de pedir aumento pero si es denegado, pueden ocurrir dos cosas. Primero, si tenía razón en su estimación quien pedía el incremento en sus haberes, renunciará y encontrará trabajo en otra parte a la remuneración sugerida. Mientras tanto, el empleador anterior deberá contratar a otros a la remuneración que había denegado en primer término o, de lo contrario, deberá cerrar su negocio. Segundo, si la razón estuviera de parte del empleador, cuando renuncia el empleado, al percibir que no estaba subvaluado, deberá contratarse en otro lugar a la misma remuneración anterior o, de lo contrario, no trabajará. Mientras tanto, el empleador anterior contratará a otros a la misma remuneración que venía abonando.

El seguro social estatal no es ni seguro ni es social. A esta altura de los acontecimientos hay testimonios sobrecogedores de estos espejismos cuando no el puro engaño a las ilusiones de millones de personas condenándolas a la pobreza más miserable.

Se han implantado sistemas de reparto lo cual constituye un mecanismo inherentemente peligroso, puesto que no hay relación entre el aporte y el beneficio, es decir, el flujo de fondos no está técnicamente "encajado". La situación del lado del aportante dependerá de las tasas demográficas, de los ingresos, del desempleo, etc., además de que la tendencia será a que habrá cada vez más pasivos con vidas más prolongadas en relación a los activos que tienen un período acotado en esta condición. Se trata de un impuesto mal concebido. Es una simple transferencia coactiva de ingresos en la que se crean incentivos naturales para evadir el pago y para exigir el cobro.

Por su parte, el método de capitalización individual depende del grado de riqueza y del resultado de las inversiones y la elección del *portfolio* correspondiente. Claro que si este método fuera estatal siempre significaría un cambio coactivo en la asignación de recursos desde los preferidos por la gente hacia los preferidos por el aparato de la fuerza. Este cambio coactivo hará que se detraigan recursos de inversiones inmobiliarias, fondos de inversión, seguros o simplemente alterará la prioridad afectando severamente las urgencias del fruto del trabajo que pertenece a otros. Y siempre la administración estatal estará sujeta a presiones políticas para desviar los fondos hacia otros menesteres. Pero el tema central es comprender que no se trata de contar con buenos administradores estatales sino que el problema estriba en la naturaleza misma de la malasignación que el sistema inexorablemente significa.

Veamos muy brevemente el caso de los Estados Unidos por citar el más civilizado (hasta ahora). Allí el sistema está en quiebra. Los propios administradores estatales pronostican el momento de la liquidación total, fechas que corren para adelante cada vez que se incrementan los aportes y se disminuyen los "beneficios" o cuando se estira el período de edad para pasar a la condición de pasivo. En ese país, en los momentos en que hay sobrantes de caja, el Tesoro se apropia de los fondos colocando títulos de la deuda en el sistema. Al principio (en 1935) se pudo explotar bien la clientela política ya que todos eran aportantes y pocos los pasivos, pero con el paso del tiempo —especialmente debido a la caída en la tasa de natalidad— la situación se revirtió hasta el estado calamitoso en el que se encuentra hoy que empeora cuanto más se lo quiere diferir. Hoy el 35% de la abultadísima deuda federal (3.8 billones) es "seguridad social" y *medicare*. Y el asunto no estriba en adoptar las mal llamadas privatizaciones de la "seguridad social", en donde, como en otros lares, se obliga a la gente al aporte a determinadas instituciones sin que pueda elegir las de su agrado en el resto del mundo, con el agravante de controles gubernamentales absurdos en cuanto a los destinos de las inversiones que deben realizar dichas instituciones. La gente debería decidir el destino de sus ingresos y asumir las correspondientes responsabilidades.

La sola idea de la retención forzada del fruto del trabajo ajeno —cualquiera fuere su destino— debería considerarse como un delito grave. Pero para seguir con el ejemplo del país más serio de la tierra y abrir por un instante un poco el espectro al llamado "estado benefactor" en general, Michael Tanner señala que, desde que en 1965 se declaró "la guerra a la pobreza", el gobierno gastó en aquel país, hasta el año pasado, 5.4 billones de dólares para "combatirla".

El resultado es que en este último año hubo más gente por debajo de la línea de la pobreza sobre el total de la población respecto de la situación imperante antes de comenzar "la contienda". Para tener una idea del significado astronómico de aquella cifra, Tanner muestra que con esa cantidad se podrían adquirir los activos netos de las 500 empresas más importantes aparecidas en la revista *Fortune* y toda la tierra destinada a la agricultura en los Estados Unidos. Como si esto no fuera suficiente el autor muestra también que al principio de esta guerra tan peculiar 70 centavos de cada dólar llegaban

209

a los destinatarios y el gobierno retenía 30 para gastos administrativos. Ahora las cifras se revirtieron: 30 llegan a los destinatarios mientras que 70 de cada dólar se los queda la burocracia. Imaginemos qué situación queda para los otros países si éste es el más serio y con una justicia más independiente.

Volvamos a las jubilaciones. El argumento pueril que se esgrime para obligar a la gente al aporte para este fin (de lo cual, como decimos, no se sigue que se deban seleccionar prepotentemente determinadas instituciones) es que eventualmente algunos no aporten a ninguna parte y no prevean su vejez debido a su irresponsabilidad. Este modo de argumentar pasa por alto aspectos fundamentales de las relaciones entre las personas y el significado del respeto y de la misma libertad. ¿En virtud de qué principio la gente es responsable para elegir gobernantes y absolutamente inepta para ocuparse del futuro de sus propias vidas? ¿Acaso los gobernantes no han demostrado una irresponsabilidad palmaria en el manejo de fondos de otros en todos lados donde rigen estos absurdos sistemas de tremenda *inseguridad antisocial*? ¿Por qué es que quienes hablan de este tema siempre se consideran a sí mismos como responsables y los irresponsables son otros (de lo contrario no se sabe cómo se dan cuenta de la irresponsabilidad ajena)? ¿No se ve que, precisamente, eximiendo de responsabilidad se incita a la irresponsabilidad? ¿No se comprende que la contrapartida de la libertad es la responsabilidad individual y que al reducir la responsabilidad se está carcomiendo la libertad junto con el respeto al prójimo? ¿Y si quien percibe el ingreso lo gasta en alcohol o lo derrocha, el "ogro filantrópico" se deberá inmiscuir en los actos más íntimos de los que considera irresponsables? ¿Si la gente se ocupa de sus hijos y de su alimentación, puede suponerse que no se ocupará de sus vidas? ¿Es que no se ve que un "estado-tutor" que monitorea a cada uno hasta el fin de sus días no sólo destroza incentivos y empobrece sino que destruye el sentido mismo de la condición humana?

En resumen, la tremenda irresponsabilidad está en este tipo de propuestas autoritarias que revelan una desconsideración y una ignorancia digna de mejor causa. Antes de la aparición de tanta insensatez es muy interesante detenerse a observar lo que ocurría. La formación de instituciones voluntarias como mutuales, montepíos, cofradías, asociaciones de socorro y de inmigrantes. Las formas admirables de solidaridad en el seno de las familias: primero los padres se ocupaban de los hijos y luego éstos se ocupaban de sus progenitores, lo cual prácticamente ha caído en desuso a raíz de que se delega en el estado la responsabilidad, es decir, en el bolsillo del vecino. Incluso es muy ilustrativo analizar las organizaciones que establecían las propias comunidades indígenas en diversos lares.

Es también interesante observar en trabajos como el de Robert W. McGee que allí en donde no hay sistemas de "seguridad social" el ahorro tiende a ser mayor. Este mismo autor señala la importancia de liberarse cuanto antes de los sistemas compulsivos y estarse prevenido y en guardia de los argumentos gradualistas teniendo en cuenta, por ejemplo, que "en las épocas de la esclavitud se sostenía que el sistema no debía eliminarse súbitamente porque se haría quebrar a muchos productores de algodón".

Existe la preocupación por lo que hay de azar en los destinos de las distintas vidas. En verdad no es casualidad sino causalidad, sólo que hablamos de azar o suerte cuando no nos esperábamos el suceso o cuando no lo hemos producido. De todos modos no tenemos el mérito o demérito de haber nacido donde nacimos, en la época en que se produjo el nacimiento, los talentos pocos o muchos que podamos tener, etc. En este sentido, hay quienes, recurriendo a una metáfora deportiva, sostienen que es bueno que cada uno muestre sus habilidades durante la carrera y como consecuencia llegue en la posición que se merece. Pero lo que objetan es que unos larguen con ventaja y, por tanto, otros con desventaja debido a que nacen en familias que le han proporcionado aquellas ventajas o desventajas. Consideran esto como injusto y para remediar la situación sugieren la nivelación patrimonial en la largada por la carrera de la vida y luego permitir que cada uno exhiba sus posibilidades reales.

En realidad no tiene sentido aludir a la justicia o injusticia "de la vida" ya que este concepto sólo tiene sentido en el contexto de las relaciones sociales. Carece de significación decir que el sol es injusto porque no brilla todos los días o la injusticia de los resfríos, etc. De la misma manera, los esfuerzos de los padres para mejorar a sus hijos no es injusto sino natural y digno de aplauso. Lo contrario es antinatural. Anthony de Jasay muestra que la referida metáfora deportiva es autodestructiva. Sostiene con razón que si se nivela en la largada deberá nivelarse siempre puesto que el incentivo principal para correr es, precisamente, trasmitir ventajas a sus descendientes. Si se percibe que se nivelará a los descendientes, en gran medida pierde sentido el realizar el esfuerzo durante el certamen.

En última instancia, desde la perspectiva del consumidor, no resulta relevante el nombre y el apellido de quienes generaron originalmente el patrimonio. Se trata de un mecanismo impersonal que premia los buenos resultados y castiga las equivocaciones en cuanto a la administración de recursos. El heredero de una fortuna la mantendrá, la consumirá o la acrecentará en proporción directa a su capacidad o ineptitud y a la intensidad de esas condiciones. A estos efectos es lo mismo si ad-

213

ministra el fundador de la fortuna o sus herederos. Lo importante es el veredicto diario de los consumidores, tanto para uno como para los otros.

En estos procesos es natural la resistencia al cambio. En general la gente se siente más cómoda haciendo lo que ha estado capacitada para hacer desde siempre. Pero es que en la vida hay dos opciones en este contexto: o hay estancamiento o hay progreso (desde luego que existe la posibilidad cierta del retroceso que no consideramos a los efectos de lo que aquí nos proponemos). Si la decisión fuera por el estancamiento no se podría ni siquiera pensar porque el pensamiento producirá cambios, y si fuera por el progreso quiere decir que inexorablemente ocurrirán cambios. En este sentido, progreso y cambio en la buena dirección son sinónimos. No tiene sentido decir que queremos progreso pero no queremos cambiar. Lo que ocurre es que casi todos preferirían que todo cambie excepto ellos. Pero la generalización de esta inclinación conduciría al estancamiento. Tampoco se trata del cambio por el cambio mismo. Muchísimos son los cambios que son rechazados en la sociedad abierta, sencillamente porque en la relación costo-beneficio se estima un balance desfavorable. Si el balance se estima favorable el cambio es aceptado, lo cual requiere acomodamientos. Pero el asunto no puede verse como que hay un momento en que se introduce una innovación, un momento de transición y un momento de consolidación. La vida es una serie ininterrumpida de transiciones superpuestas y si los cambios son aceptados generan consecuencias saludables y benéficas que se traducen en mejores productividades que, como hemos visto, desembocan en condiciones de vida mejores.

Si a estos caminos se le interponen subsidios con la idea equivocada de suavizar las transiciones penalizando la eficiencia, se perjudicará a todos pero muy especialmente a los más débiles puesto que son los más expuestos a las contracciones del capital que afectan directamente sus salarios.

En estas piruetas intervencionistas se incluyen medidas discriminatorias con la idea de evitar la discriminación. Esto es así cuando, en la legislación, se establecen cuotas de personas para ser recibidas en centros de estudios o plazas laborales. Por ejemplo, se legisla que se debe aceptar el 30% de negros, el 10% de hispanoamericanos, el 25% de lesbianas y el 25% de turcos para evitar que los discriminen y distribuir mejor los costos del cambio. Aquí hay un serio malentendido. La noción negativa de la discriminación está precisamente referida a la ley. En una sociedad abierta no puede discriminarse el derecho. Todos tienen los mismos derechos, éste es el sentido de la igualdad ante la ley. Pero, en el campo de las relaciones particulares, es distinta la acepción, no hay acción privada sin discriminación. Leer esto en lugar de aquello implica discriminación. Casarse con ésta y no con aquélla implica discriminación. Ir a tal escuela en lugar de otra implica discriminación. Nuestros amigos, nuestras comidas, los deportes que practicamos, el cine, la gente que se contrata, quienes se aceptan y quienes no se aceptan en instituciones académicas serias, etc., etc. El obligar por ley que se acepten en tales o cuales lugares tales o cuales personas significa actos de inaceptable discriminación que atentan contra la libre contratación y, por ende, en los casos mencionados, contra la calidad de la enseñanza y la calidad de los servicios que prestan las empresas lo que redunda en perjuicio de todos incluyendo aquellos que se quiere beneficiar debido a las consiguientes caídas en las respectivas productividades.

El racismo —la peor y más repugnante de las discriminaciones— está siempre referido a la legislación que otorga diferentes derechos. Debe tenerse en cuenta que es tan racista la segregación coactiva como la integración coactiva. No ser racista no implica que se deba estar obligado a contraer nupcias con una persona que uno no quiere o a contratarla para la tarea que sea. De más está decir que las selecciones o discriminaciones privadas que hacemos a diario en todos nuestros actos revelando nuestras preferencias producirán resultados acordes con la sabiduría o la torpeza de las respectivas elecciones. Alguien podrá decidir la contratación exclusiva de vendedoras rubias en su negocio y otro decide tener personas de ojos negros en el directorio de su empresa pero nada de esto resulta inocuo, los resultados los juzgarán otros.

Las declaraciones despectivas del dirigente sindical a que nos venimos refiriendo respecto del profesionalismo en el *football* nos conducen a un tema controvertido que nos parece que tiende a exponerse de modo superficial, y esto no se circunscribe ni remotamente al campo deportivo, sino que se abre a un análisis de dimensiones mucho más amplias.

Es un lugar común agarrársela contra el profesionalismo. En el caso que nos ocupa se mantiene que el deporte por el puro amor es de una calidad superior respecto de la situación en la que los deportistas reciben emolumentos, lo cual, se sigue diciendo, hace que la actividad se convierta en una caricatura. Pero esta conclusión apresurada me parece errada. No veo por qué el científico no debe cobrar por sus tareas para que no desmejore su investigación y sus consejos profesionales. Más aún, creo que es indispensable que cobre a los efectos no sólo de los incentivos para su propia persona, sino que resulta indispensable la trasmisión de información a terceros respecto de la importancia de la labor que se está desarrollando. Si tuviera que pronunciarme sobre el tópico diría que lo que ocurre en algunas áreas como la educación y la investigación es precisamente debido a la nefasta idea que las personas que trabajan en esos campos deben vivir del aire y que sólo pueden cobrar los que venden chupetines o los que operan en bancos, etcétera.

Se suele cargar especialmente las tintas contra los médicos descalificándolos al decir despectivamente que "son unos comerciantes". Como si el ser un comerciante fuera algo despreciable. Como si el médico debiera estar condenado a la indigencia para ser digno. Como si el intercambiar y cotizar sus servicios fuera una conducta reprobable. Quien se pronuncia sobre estos temas generalmente lo hace desde una cómoda poltrona cobrando por los bienes y servicios que genera pero los otros no lo pueden hacer sin caer en la denostación generalizada. No cabe duda que hay médicos tramposos que indican exámenes e incluso operaciones innecesarias. También hay carniceros que venden su producto en mal estado, industriales que no cumplen con la palabra empeñada y economistas que se prestan a los embustes más abominables, pero eso nada tiene que ver con el hecho de concertar arreglos pacíficos, voluntarios y libres entre las personas intercambiando aquello que respectivamente se valora y proceder en consecuencia.

Ha explicado Michael Novak que, "Por tanto, es necesario subrayar otra vez que una sociedad no puede trabajar bien si todos sus miembros siempre actúan en base a intenciones benevolentes". Una sociedad así se derrumbaría en pocos instantes. Llevémoslo a un extremo. Supongamos que todos son solamente caritativos con su prójimo, nadie recibiría nada para sí y por ende todos perecerían. La caridad es una inclinación de gran importancia, sin ella resultaría difícil concebir un grupo que pudiera llamarse propiamente humano, pero hay que ponerla en su debida proporción y de ningún modo descalificar el profesionalismo.

La división del trabajo y los ingresos que la gente destina a las diversas profesiones y actividades asignan los siempre escasos recursos y estimulan aquello a lo que la gente le otorga prioridad y pasan señales débiles a las tareas que no se consideran importantes al momento. Otra vez, un tercero podrá hacer críticas a los esquemas axiológicos de sus congéneres y puede que incluso tenga razón pero esto nos deriva a otro problema ya comentado, cual es que fuera de la persuasión no hay otro procedimiento lícito. La fuerza debe estar descartada para convencer a otros que sus valorizaciones no son las que debieran ser, a menos que éstas incluyan la lesión de derechos de otros. Insistimos entonces que la profesionalización dista mucho de ser un lastre sino que constituye algo sumamente auspicioso y necesario para las actividades que consideramos importantes de alimentar y atraer la mayor atención posible. Ver en la retribución a un servicio una perversidad es perverso, lo cual no quiere decir ni remotamente que deban excluirse actos sin retribución material como muchos de los que encaramos a diario donde la retribución es solamente espiritual.

No es que se subestime la conducta basada en el puro amor. El amor está indisolublemente unido al *areté* socrático. No hay amor propio sin el deseo de autoperfeccionamiento y el deseo de trasmitir conocimientos para ensanchar el alma de la persona amada. Poner amor en lo que uno hace ayuda para lograr los objetivos, pero esto no excluye que hayan otras retribuciones además de la sola satisfacción de haber hecho las cosas bien. El amor a la ciencia, a la actividad deportiva que se practica o a la profesión que se ejerce no disminuye ni se degrada por el hecho de obtener correspondencia monetaria directa o indirecta.

El dirigente sindical ligado al "ministerio de bienestar" al que habitualmente se le agrega el aditamento de "social" suena de por sí tan estúpido como un "ministerio del amor intenso" o "de la carcajada profunda". Esto demuestra el abismo intelectual que aún persiste respecto de lo que puede y no puede hacer el aparato de la fuerza. Claro que el asunto se lleva a límites intolerables si además, en el área "del bienestar", se hacen abortos clandestinos.

Julián Marías bien ha dicho que el llamado "aborto" constituye un atropello más brutal aún que el cometido por los sicarios nazis en el Holocausto quienes con su mente asesina sostenían que los judíos eran enemigos de la humanidad, mientras que en el caso que nos ocupa nadie puede decir que el feto es enemigo de alguien. Marías bautizó el aborto como el "síndrome Polonio" para subrayar el acto cobarde de liquidar a quien se encuentra en manifiesta inferioridad de condiciones y atacarlo sin mirarlo y "a través de una cortina" como en el drama de Shakespeare. Por su parte, Paul Johnson critica el aborto que considera una "destrucción al por mayor" de millones de personas. (Según Robert H. Bork, en la actualidad, solamente en los Estados Unidos se ejecutan un millón y medio de "abortos" por año.)

En las épocas de las cavernas la ignorancia era tal que no se establecía siquiera conexión entre el acto sexual y la procreación. Ahora la microbiología muestra que desde el momento en que el óvulo es fecundado hay una célula única distinta del padre y la madre. Un embrión humano que en ese instante posee la totalidad de la información genética (ADN). Una persona que tiene la carga genética completa, una persona que está en acto y que está en potencia de desarrollar buena parte de sus características, del mismo modo que el adulto es también una persona en acto que está en potencia de desarrollar características físicas y psíquicas.

221

Una vez, con la intención de establecer un paralelo con el aborto, me preguntaron si al liquidar una semilla de árbol estaba en realidad liquidando un árbol. Repliqué que estaba liquidando una semilla en potencia de ser un árbol. Del mismo modo que cuando se liquida un feto se está liquidando a quien estaba en potencia de ser un adulto. Pero aquí viene lo importante: en el primer caso se está liquidando algo que está en acto como vegetal y en el segundo se está liquidando quien es en acto un ser humano. Sólo a través de un inadmisible acto de fe en la magia más rudimentaria puede sostenerse que cinco minutos después del alumbramiento estamos frente a un ser humano pero no cinco minutos antes. Como si antes del nacimiento se tratara de un vegetal o un mineral.

Desde Mendel hasta la fecha la genética ha hecho grandes progresos. Jeromme Lejeune, dice que "Aceptar el hecho de que con la fecundación comienza la vida de un nuevo ser humano no es ya materia opinable. La condición humana de un nuevo ser desde su concepción hasta el final de sus días no es una afirmación metafísica, es una sencilla evidencia experimental". En realidad la palabra "aborto" no es la indicada para estos fines. Abortar quiere decir interrumpir algo que no era, se aborta una revolución que no se concretó, pero en nuestro caso se trata de homicidio en el seno materno. Se descuartiza a un ser humano indefenso.

Se ha dicho que la madre es dueña de su cuerpo, lo cual es evidentemente cierto pero no es dueña del cuerpo de otro y como los chicos no nacen en los árboles, debe respetarse la nueva vida en el seno materno. Lo cual no excluye la posibilidad, en el futuro, si las condiciones tecnológicas lo permiten, que se pueda proceder a una transferencia de úteros e incluso a un útero artificial, pero nunca se justifica el homicidio.

Se ha dicho también que el feto es "inviable" y dependiente de la madre, lo cual también es cierto del mismo modo que son dependientes los inválidos, los ancianos y los bebés recién nacidos, lo cual no justifica que se los aniquile impunemente. Lo mismo puede decirse de las malformaciones: justificar la matanza de fetos en esas condiciones es lo mismo que justificar el asesinato de sordos, mudos y enfermos. Y ahora viene el caso extremo, el caso de aquel acto inmundo y repelente cual es la violación. Pero este acto criminal no justifica otro crimen. Se podrán hacer todas las combinaciones que permita la tecnología como las mencionadas más arriba, se puede entregar el bebé en adopción o cualquier otro arreglo pero no se puede matar.

Se ha mantenido también que la legalización del aborto terminaría con los que se realizan clandestinamente que muchas veces se llevan a cabo en condiciones muy precarias desde el punto de vista higiénico, lo cual termina muchas veces también con la vida de la madre, como si la legalización del homicidio en general se pudiera justificar siempre que se realice de modo profiláctico. Se cuenta que una vez una señora visitó a su ginecólogo para abortar, invocando motivos económicos graves. El médico le preguntó qué edad tenía su hijo mayor, a lo que la señora le respondió que cumplía quince años. El facultativo, con la intención de poner de manifiesto la monstruosidad de lo que estaba sugiriendo su paciente, le preguntó por qué no lo mataba a ese chico mayor que comía y consumía más, con lo que la señora se retiró, avergonzada de su propuesta.

Por otra parte, no se trata en absoluto de un homicidio si el obstetra llegara a la conclusión —nada frecuente en la medicina moderna— que el caso requiere decidir entre la vida de la madre o del hijo dado que está involucrada una operación quirúrgica de magnitud. Al salvar la vida de uno de los dos no se está matando al otro, del mismo modo que si alguien ve desde la playa a dos personas que se están ahogando y sólo encuentra tiempo de salvar una, al rescatarla, no ha matado a la otra.

En resumen, no es posible autoproclamarse defensor de "los derechos humanos" y simultáneamente patrocinar y avalar este homicidio en el seno materno que constituye una burla a los valores más caros de la civilización. La defensa de la vida es mucho más importante que la lucha contra la esclavitud porque en este caso por lo menos había la esperanza de un Espartaco exitoso, mientras que en el caso que nos ocupa el resultado es fatal e irreversible.

Aquí, como en otros casos, he repetido lo que he dicho y escrito en otras ocasiones debido a la importancia que le asigno al tema. Al fin y al cabo todos estamos en nuestro derecho a repetirnos. En esto de las repeticiones, lo único que no es admisible —el mayor desatino criminal que se puede cometer en el mundo intelectual— es transcribir un pensamiento de otro sin el debido crédito al autor. El tema que se ha dado en denominar "aborto" se traduce en una enormidad tal que nos parece que la repetición *ad nauseam* de reflexiones como las que aquí dejamos consignadas no estarán nunca de más ni resultarán superfluas.

Antes de cerrar esta parte de mi discurso con el tema de las calles, recordemos que el sindicalista vinculado al negocio vial y a lo que paradójicamente se denomina el "seguro social" adornaba sus consideraciones con reiteradas referencias a Marx y a Keynes. Hagamos entonces una alusión aunque más no sea telegráfica a esos dos autores.

El centro de Marx se concreta en lo que él mismo dice en el párrafo 36 del capítulo tercero de su manifiesto donde afirma que "pueden sin duda los comunistas resumir toda su teoría en esta sola expresión: abolición de la propiedad privada". De ahí deriva todo lo demás. Como queda dicho, la eliminación de la propiedad privada elimina los precios y, por tanto, toda posibilidad racional de asignación de recursos con lo que se desmorona la esperanza de mejorar la condición de vida de la población. El dirigente sindical de nuestra crónica no se oponía al marxismo por estas razones. A juzgar por su conducta no estaba en autos de nada de esto ni de lo que sigue, en parte por el continuo ejercicio del doble discurso y en parte por falta de información.

Deben destacarse los fiascos predictivos de Marx pontificados en carácter de inexorabilidad (a pesar de que consideraba que había que ayudar la inexorabilidad con acciones revolucionarias de muy diversa envergadura). Tres fueron sus pronósticos: que la adopción del comunismo se haría primero en los países de mayor desarrollo capitalista y apareció en la Rusia zarista. Que la fuerza del comunismo estaría originada en los obreros cuando en realidad siempre surgió de intelectuales-burgueses. Y que habría cada vez más concentración del capital en pocas manos lo cual fue desmentido apenas terminada la profecía por la fabulosa dispersión de ahorros que solamente produce la sociedad anónima (fenómeno atestiguado por sus propios parientes intelectuales como Bernstein). Dicho sea de paso, muchas veces, frente al *merging*, no es infrecuente que se confunda la cantidad de administradores de capital ajeno con los propietarios-accionistas.

También vale la pena mencionar su teoría del polilogismo que significa que los hilos mentales del proletario son de una naturaleza distinta de los que operan en el burgués. Ni Marx ni ningún marxista mostraron jamás en qué se diferencia un silogismo proletario de uno burgués ni cómo se modifica cuando uno cambia a la condición de otro. En esta supuesta diferencia de naturaleza se basa su noción de "clase" tomada ingenuamente por muchos que se refieren a "clases sociales" sin indagar en el significado de los términos que están empleando y aluden alegremente a conceptos tan falsos como peyorativos como lo de "clase baja", la sandez de la "media-media alta" y la presunción arrogante de la "alta" y demás manifestaciones atrabiliarias, en lugar de reconocer que se está hablando simplemente de segmentos de ingresos y no de personas de una naturaleza distinta. En este sentido —a pesar del acoso fiscal— parece más honesto lo que nos relata Norman Pounds en cuanto al recuento "de fuegos" que antiguamente se hacía en las casas o las chozas a los efectos de calcular posibles impuestos, pero sin escudarse en la elucubración de extrañas teorías de clases para hacer referencia a conjeturas varias sobre la capacidad contributiva.

227

Marx con su materialismo histórico sostenía que las estructuras productivas determinan el pensamiento en lugar de seguir el camino causal inverso para distinguir al ser humano de lo inanimado y poder hablar con propiedad de pensamiento. Por último, la plusvalía por la que el empleador se apoderaría de parte de lo que le corresponde al empleado con lo que se crearía el fenómeno de alienación, es decir, la explotación que sufriría quien es contratado para realizar una tarea, sin tener para nada en cuenta el nexo entre los salarios y la capitalización a la que hemos hecho exhaustiva referencia. Un humorista ha dicho con razón que por todo esto la obra cumbre marxista *Das Kapital* debió haberse llamado "quitas capital".

Keynes, el entusiasta de las políticas monetarias inflacionistas y de aumentos de gastos públicos, como lo han demostrado Hayek y tantos otros, bajo la palabrería de funciones consumo, multiplicadores y demás parafernalia ha contribuido decisivamente al "estado benefactor" de nuestro siglo, institucionalizando las intuiciones de los Bismarck y los Beveridge con un formato aparentemente menos politizado. En todo caso, creo que resulta muy ilustrativo un pasaje de Keynes extraído de su prefacio a la primera edición alemana, publicada en plena época nazi: "La teoría de la producción global, que es la meta principal del presente libro, puede aplicarse mucho más fácilmente a las condiciones de un Estado totalitario que la producción y distribución de un determinado volumen de bienes obtenido en condiciones de libre concurrencia". Este párrafo produce ciertas convulsiones en quienes se dejaron seducir en algún momento por el keynesianismo y prefieren mirar para otro lado aunque ahora estén alejados de tanto galimatías que condujo y conduce a más de un desbarajuste serio en nuestro atribulado mundo.

Vamos finalmente al asunto vial. Se hace mucha alharaca divagando sobre lo que deben hacer los capitales estatales cuando no lo hacen los privados. Cabe en primer lugar aclarar que no hay tal cosa como "capital estatal". Siempre el capital es privado, se dice "estatal" cuando es dirigido compulsivamente en una dirección distinta de la que hubiera decidido su titular. Es de gran interés prestar atención al origen privado de los canales navegables de comunicación de mayor envergadura como fue el caso de Inglaterra y los Estados Unidos en el siglo XVIII tal cual nos relatan, entre otros, Edwin Pratt, Daniel B. Klein y Gordon J. Fielding.

Juan Benfeldt explica que los primeros canales de comunicación de mayor importancia fueron los canales fluviales privados por peaje, de allí el gran progreso tecnológico en cuanto a los sistemas de dragados, túneles, esclusas y puentes. Los caminos de tierra se convertían en puro lodo en épocas de lluvias y un terragal pol-

voriento en las de seca. De todos modos, en la antigüedad los caminos eran símbolo de esclavitud y de trabajos forzados, caminos que paulatinamente fueron pasando a los pobladores y lugareños y también a las
parroquias (de ahí que, por ejemplo, en la época de
las Cruzadas, muchos obispos otorgaran indulgencias
para los constructores y quienes mantenían caminos en
la esperanza de acelerar el proceso). Contemporánea-
mente los canales de Suez y de Panamá fueron financiados por medio de la venta de acciones y la coloca-
ción de títulos en los mercados de capitales mundiales.
Hoy el Eurotúnel une el continente con Gran Bretaña a
través del Canal de la Mancha en un emprendimiento
que cuenta con 560.000 accionistas.

Con el comienzo de la utilización del hierro, la inven-
ción de John McAdam y la pavimentación hizo que se
colocaran los caminos terrestres en el primer nivel de
atención. Se aplicaron los *turnpikes* (pago por peaje)
como sistema para la financiación en Inglaterra, Estados Unidos, Irlanda y Bélgica. Y como ha sucedido con
otras áreas, los gobiernos comenzaron a meter las nari-
ces en el asunto, primero regulando los precios, luego a
través de *shadow prices* que simulaban peaje pero pa-
gados directamente al propietario del camino con fondos del gobierno, haciendo aparecer que ya no había
peaje y que los caminos eran "gratis". Esta politización
y consecuente estrangulamiento de las empresas priva-

das junto con la aparición del ferrocarril, mandaron a muchas a la quiebra. Después de un largo interregno volvió a aparecer el sector privado pero esta vez a través de concesiones, principalmente en Europa, Estados Unidos y Japón. En este último lugar con la muy interesante innovación que destaca especialmente Ellen Frankel Paul respecto de la eliminación de la figura del "dominio eminente", es decir, el trazado de los caminos se hace sin afectar derechos de propiedad comprando al que quiera vender pero nunca recurriendo a la expropiación. La nueva aparición del peaje se hizo primero con *tolltags* con barreras y luego el cobro electrónico sin barreras.

La concesión no sólo resta autonomía financiera a la operadora ya que no puede recurrir a la tierra como colateral para garantizar créditos, sino que mantiene la propiedad en la órbita política, lo cual abre las puertas a intromisiones y crea desajustes y problemas en el mantenimiento según se acerca el momento del vencimiento del contrato. También dificulta la flexibilidad para el manejo del negocio como el cobro de distintos precios a distintas horas según sea el tráfico (igual que los estacionamientos realmente privados donde nunca hay congestiones debido a que el precio siempre limpia el mercado). En algunos lugares ya se comercializan *autoguides* que son señales infrarrojas que recibe el automovilista donde se le indica al momento los lugares

231

relativamente más abiertos y con menos tráfico. Los contratos originales podrán o no realizarse con la condición de "pisos" o distintos niveles adicionales de autopistas, en todo caso las vías y los medios alternativos presentan otras variantes. La cuestión es licitar cuanto antes y asignar derechos de propiedad, para lo cual eventualmente habrá que ofrecer incentivos para adelantar los vencimientos contractuales allí donde hubiera concesiones.

El peaje tiene la ventaja de que conecta el uso con el pago. Adam Smith ponía en su época mucho énfasis en señalar esta superioridad, en contraste con la operación estatal o las inversiones privadas financiadas con impuestos. Como ha dicho Gabriel Roth, financiar los caminos con impuestos al combustible no permite identificar quiénes usan cuáles caminos y por ende se genera un problema en la asignación de recursos. Roth dice que este modo de encarar el tema sería similar a desconectar todos los medidores de electricidad y que todos paguen a través de impuestos en base a algún parámetro que mantenga la desconexión entre usos específicos y pagos. Sería parecido a financiar la educación a través de un impuesto a los textos y así sucesivamente. Estos procedimientos siempre elevan el gasto público y las cargas sobre los contribuyentes en sustitución de procedimientos voluntarios.

Debemos sin embargo tener presente que la discusión de fondo no es peaje-no peaje sino privado *versus* público. En el primer caso, además de la asignación de recursos y la espada de Damocles en cuanto a presiones políticas adicionales, se resuelven problemas tales como la seguridad, la limpieza, la optimización de normas de tránsito, el corte de rutas, las manifestaciones "en la vía pública", la pornografía, la prostitución y las drogas, al tiempo que las empresas permiten que las quejas se produzcan si hay algo que no agrada a los usuarios, en lugar de la resignación que se produce por las condiciones de las veredas y calles que a veces ponen en serio riesgo a peatones y automóviles, lo cual, en el mejor de los casos, hace que les lleguen protestas a otros políticos cuya solución en el extremo será la de reemplazar algún funcionario sin cambiar la raíz del problema cual es la propiedad.

Rothbard bien dice que cuando se proponen cambios se suelen generar miedos que conducen a las preguntas más disparatadas. Sostiene que respecto de los caminos privados ocurriría lo mismo que nos podríamos imaginar que ocurre en un lugar en el que los habitantes estuvieran siempre acostumbrados a que el monopolio de la fuerza proveyera de zapatos a la población. Las preguntas exigirían que se responda *concretamente* quiénes serían los proveedores, cuántas zapaterías habría, cuántas marcas, a qué precios se venderían y qué se haría con la gente que no puede adquirir calzado, insinuando que este traspaso podría obligar a que la gente finalmente ande descalza.

Se ha insinuado que los caminos privados amenazarían la libertad de desplazamiento. Pero esta idea es tan desafortunada como sostener que la telefonía paga priva a la gente de la libertad de comunicación, cuando en realidad amplía enormemente la comunicación (recuérdese que antes de la telefonía la gente estaba incomunicada o tenía que gritar, lo cual, dicho al margen, sigue sucediendo en alguna medida allí donde estas tecnologías son administradas por el estado). En todo caso era la situación primitiva la que obstaculizaba el desplazamiento en medio del acecho de fieras salvajes y peligros de todo tipo y especie, obstruidos por malezas inaccesibles o llanuras que no conducían a ninguna parte. Recordemos lo que dijimos al comenzar este discurso en cuanto al significado de la libertad y los peligros de recurrir a extrapolaciones que provienen de otros campos.

En cuanto a los lugares desiertos o con poblaciones que no justifican la inversión en caminos, éstos sencillamente no se construirán en esas condiciones. Si se decidiera lo contrario por la fuerza significaría consumo de capital que comprometería salarios de todos lo cual tendería a expandir las zonas inviables para construir carreteras y muchas otras cosas ya que las zonas rentables tenderán a contraerse debido a la mayor pobreza que produce semejante sangría. Los caminos inviables ya construidos se abandonarán o serán solventados por quienes habitan el lugar y sus aledaños.

Entonces, las grandes zonas de un esquema como el que aquí proponemos serán básicamente tres. Barrios residenciales cerrados (sólo para los inquilinos, los propietarios y quienes los visitan), las zonas comerciales (tiendas de todo tipo, sanatorios, consultorios, profesionales, lugares bailables, etc., etc.) en cuyos lugares los caminos internos serán gratuitos porque a los comerciantes les interesa la mayor cantidad de gente posible. Debe también aclararse que muchos de los accesos a los centros comerciales mencionados también pueden ser sin cargo allí donde el verdadero negocio es inmobiliario, restaurantes o lo que fuera. Por último, las zonas fabriles que operan de modo parecido a las residenciales en cuanto a permisos de entrada y salida. De todas maneras si hubieran calles interiores que requieren financiación se puede utilizar el sistema Oxford, es decir el cobro por medio de cámaras que registran patentes. Y las interconexiones de caminos, rutas y accesos son motivo de acuerdos entre partes del mismo modo que ocurre con el sistema de trochas en el ferrocarril, o el eléctrico y el telefónico.

Sería bueno acelerar este debate para evitar que la comprensión aparezca tarde cuando los vehículos vuelen a radar y dejen pedaleando en el vacío a los partidarios de las intromisiones gubernamentales, con lo que se habrá desperdiciado cuantioso tiempo y valiosos recursos que hubieran podido destinarse a mejorar las condiciones de vida de gente que ya no estará para disfrutarla, del mismo modo que se consumió estúpidamente tiempo argumentando que el petróleo debía ser administrado por el estado en nombre de la soberanía, convirtiendo uno de los negocios más prósperos en uno de los más ruines mientras se ensayaban otras vías alternativas para producir energía.

Con todo lo dicho nuestro narcisista dirigente sindical se quedará sin el tipo de labores que venía realizando no sólo por el cohecho descubierto sino por inútiles, del mismo modo que las reformas fiscales de fondo liberarían a expertos fiscales para que pudieran dedicarse a actividades útiles.

Además, en la partecita de la vida del titular de este relato, cuando no había malos comportamientos hacia terceros había algo que lo delataba. Unas veces eran los gestos de patán y en otras rebasaba la libido del cortesano. En sentido figurado, sintetiza la idea el *dictum* del Ingenioso Hidalgo: "el andar a caballo a unos hace caballeros; a otros, caballerizos".

La "justicia" se destapa los ojos

Habían apelado a la Corte después de fallos adversos que contenían argumentación contundente. El tribunal supremo estaba integrado en su mayoría por personal adicto a la rama ejecutiva. El caso era indefendible por donde se lo mirara pero, sin embargo, había que revertirlo. Estaban en juego los intereses más sensibles y dolientes del centro mismo del poder. Oportunamente el pacto había sido apoyar a cualquier costo. Las consecuencias de no cumplir eran de una magnitud imprevisible para el futuro de los magistrados encumbrados en el poder judicial. Hace tiempo que los ministros del alto tribunal habían perdido el sentido de la dignidad. El voto de la mayoría produjo un escueto fallo a todas luces inconstitucional y contrario a derecho.

La politización de la justicia equivale a su destrucción. Someter al poder judicial a los avatares cotidianos de la política le resta la necesaria independencia. (Entre paréntesis, resulta emblemático de la justicia politizada y la consecuente eliminación de la igualdad de derechos, la efigie de "la justicia" con los ojos destapados impresa en el billete de un peso emitido en la Argentina en la época de Perón.)

Entre las numerosas lecciones que nos enseña Giovanni Sartori sobre la democracia, conviene destacar dos:

primero que "La única forma conocida de construir un sistema político que no sea opresor es despersonalizar el poder, colocando a la ley por encima de los hombres" y segundo que "nuestros derechos no están seguros con una concepción de la ley meramente formal, positivista".

En toda la larga y muy fecunda tradición liberal está presente la preocupación por la división de poderes. Montesquieu decía que "No hay libertad si el poder de juzgar no está bien deslindado del poder legislativo y del poder ejecutivo". Su preocupación apuntaba a introducir el reino del derecho y no el reverenciar cualquier derecho positivo. En este sentido afirmaba en su célebre tratado que "Decir que no hay nada justo ni injusto fuera de lo que ordenan o prohíben las leyes positivas, es tanto como decir que los radios de un círculo no eran iguales antes de trazarse la circunferencia". Pero también sostuvo en la misma obra que "el sufragio por sorteo está en la índole de la democracia" y que el voto no debe ser secreto "como una ley fundamental de la democracia" porque "conviene que el pueblo vea cómo votan los personajes ilustrados y se inspire en su ejemplo". Estas últimas observaciones de Montesquieu ponen una vez más de manifiesto que el conocimiento y todas las instituciones que se derivan necesariamente de esa fuente están inmersas en un proceso evolutivo.

Además del ejemplo de Solón que cita Montesquieu, también en la república florentina se recurrió al procedimiento del sorteo para elegir algunos gobernantes defendido por algunos analistas modernos como un procedimiento que saca la discusión de las personas de los candidatos y la centra en las ideas principalmente referidas a los límites al poder ya que prácticamente cualquiera puede resultar electo. Según esta interpretación aquí radicaría la forma más efectiva de lograr "el gobierno de las leyes y no de los hombres".

Traigo esto último a colación al solo efecto de invitar a que estemos abiertos a todos los vientos de la mente y que huyamos como de la peste de los dogmatismos y las ideologías. Ideologías no en el sentido marxista de "falsa conciencia de clase", ni siquiera como un sistema de ideas, sino como algo cerrado e inexpugnable. En este sentido escribí hace ya mucho tiempo un trabajo que titulé "El liberalismo como anti-ideología". Sólo se deben descartar las utopías: la imposibilidad biológica, física o simplemente lógica como, por ejemplo, es el caso del anarquismo. William Godwin, el pionero del siglo XVIII en esta última materia, explica que el anarquismo es la ausencia de normas y fallos judiciales. Esta propuesta esquizofrénica conduce a la imposibilidad de la convivencia civilizada. Por ello es que cuando nos referimos a los *procesos evolutivos* en este campo apuntamos a la necesidad de mantener las mentes abiertas en cuanto a la exploración de nuevas avenidas que eventualmente desemboquen en procedimientos que permitan optimizar el reconocimiento, la producción y la implementación de normas eficaces para la convivencia armónica entre las personas, sin recurrir a la fuerza de carácter ofensivo (solamente defensivo), es decir, basados en procesos que surgen de arreglos libres y voluntarios. En otros términos, para contar con la mayor justicia para todos, que es sin duda el deseo de toda persona de bien.

Nunca estará dicha la última palabra entre los humanos. Por esto es que siempre me ha parecido tan apropiado para ilustrar el espíritu liberal el lema de la Royal Society de Londres: *nullius in verba*, extracto de un pensamiento más largo de Horacio que significa que no hay autoridad final en los temas de este mundo. Es un mundo de puntas abiertas. Se trata de estar atentos a procedimientos que puedan eventualmente sortear los obstáculos —o por lo menos algunos de ellos— para revertir o aunque más no sea mitigar las consecuencias de lo que tan certeramente constata Jean-François Revel en su obra sobre el estado: "El temperamento despótico es lo más compartido del mundo. Se reparte con equidad en todas las familias y organizaciones políticas".

Como una preparación para atender nuevas propuestas y como antídoto a las rigideces mentales de tanto mu-

240

ñeco que habla por boca de ventrílocuo, recordemos el archiconocido pronóstico de Ernst Cassirer —también en un libro sobre el estado— en cuanto a que, al mirar nuestros sistemas políticos, las futuras generaciones tendrán la misma actitud que la de un químico moderno respecto de la alquimia.

Como decíamos, estos procesos ocurren en un contexto evolutivo. Si esto no fuera así estaríamos aún encandilados en el paleolítico. William Graham Sumner hace una distinción muy fértil entre tradición y tradicionalismo. La primera son las instituciones, las costumbres, las teorías aceptadas, los hábitos y las concepciones sobre religión que envuelven las respectivas atmósferas cuando nacemos. Comenzamos nuestras vidas envueltos en ciertas tradiciones que constituyen nuestros puntos de partida que diferirán según los lugares y las familias en que hayamos nacido. Estas instituciones y modos de ver las cosas no han sido el resultado del invento de nadie en particular sino el resultado de largos tiempos de tamiz, prueba y error y de aportes infinitesimales de muchísimas personas que resultan en algo que excede la capacidad de específica contribución individual.

Edmund Burke con razón advierte sobre los peligros de pretender hacer tajos en la historia como si se pudiera "comenzar de cero" desconociendo las valiosas y nu-

241

merosas experiencias de la vida a través de los tiempos.
Éste es el error garrafal de los constructivismos racio-
nalistas (por ejemplo el de la contrarrevolución francesa). Ahora bien, lo anterior no significa que nada deba
cambiarse. No significa el inmovilismo. Esto sería tradicionalismo. El respeto, incluso la veneración por algunas tradiciones no desconoce que el progreso implica una revisión paulatina de algunas de ellas que están
insertas en etapas de cambios graduales y evolutivos
hacia instancias mejores en un camino que no tiene término.

El no aceptar incondicionalmente ideas, costumbres,
instituciones, teorías y modos de ser para nada implica
la arrogancia de pretender la sustitución sin examen
de un cuerpo de experiencia que, precisamente, sirve de
sustento para el progreso y el cambio pero nunca "sacar
los andamios antes que el edificio esté listo" para usar
la metáfora que nos propone Joshua Reynolds, aunque
debemos subrayar que son edificios inconclusos y mili-
métricos que cada uno aporta sin poder jamás diseñar ni
construir el conjunto que es sólo el resultado de infinidad de aportes pasados por el severo tamiz de la experiencia y el tiempo. Como nos enseña Adam Ferguson,
"Cada paso y cada movimiento de la multitud, incluso
cuando se la denomina la era de la ilustración, están he-
chas con igual ceguera respecto del futuro; y las naciones tropiezan con instituciones que son ciertamente el

resultado de la acción humana, mas no debidas a la ejecución del diseño de ningún hombre".

Nada de lo anterior invalida el espíritu crítico. Como decíamos al comienzo de nuestro discurso, el aceptar sin más los sucesos del momento paralizaría toda posibilidad de progreso. Es menester aceitar el pensamiento en un permanente esfuerzo por descubrir y entender los nexos causales subyacentes en la realidad y proponer la exploración de distintas avenidas que resulten de una mayor compatibilidad con la naturaleza de las cosas, propuestas siempre abiertas a otras refutaciones que corrijan los asertos anteriores y así sucesivamente. Pero para que esto ocurra del modo más fértil posible es indispensable que las aludidas contribuciones fragmentarias se discutan en un contexto de libertad, esto es, allí donde la fuerza se reserva como carácter defensivo pero nunca ofensivo. Éste, dicho sea al pasar, es un campo —genéricamente conocido como filosofía política— en el que resulta indispensable trabajar para lograr esa atmósfera necesaria de respeto recíproco a los efectos de maximizar aquellos descubrimientos y reducir así nuestra vasta ignorancia.

El evolucionismo, paradójicamente puede incluir involucionismo en muchos órdenes de la vida humana. Nada es inexorable. El historicismo implica una noción mecanicista y lineal de los acontecimientos, donde se trata la historia —a la Spengler— con una perspectiva antropomórfica. Los fukuyamas que hablan del fin de la historia y los marxismos que mantienen la inevitabilidad del socialismo no parecen percatarse del significado de la acción humana y que la dirección de los acontecimientos podrá ser de muy diversas maneras, incluyendo marchas y contramarchas, según sean las ideas y la estructura axiológica prevalente.

Paul Johnson ha dicho con razón que "Una de las lecciones de la historia que uno tiene que aprender, a pesar de ser muy desagradable, es que ninguna civilización puede tomarse por segura. Su permanencia nunca puede considerarse inamovible: siempre habrá una era oscura esperando a la vuelta de cada esquina". Incluso si hay libertad el progreso no está garantizado. La libertad es condición necesaria para el progreso pero no condición suficiente. Si el hombre decide degradarse hasta retrotraerse a la selva, esto es, si no tiene un mínimo autorrespeto, es poco probable que respete a otros y, aunque así lo haga, el espectáculo del retorno a la animalidad no puede decirse que constituya un progreso desde el punto de vista humano.

En el siglo XVIII, dos eminentes pensadores, Joseph Priestley y Richard Price, sostuvieron que si había libertad el resto se daría por añadidura y que el progreso sería inexorable e infinito. Este optimismo es lamentablemente infundado. Toynbee decía que la civilización "es una travesía, no un puerto", no hay una meta a la que se llega, es un proceso abierto, pero también hay que tener en cuenta que la travesía está expuesta a todo tipo de riesgos y peripecias que deben sortearse si se desea continuar el viaje y no retroceder o, incluso, hundirse.

La evolución fue primero abordada desde la perspectiva cultural por Mandeville y después aplicada por Darwin al campo de la biología. Will Durant nos dice que por más chocante que resulte, el proceso evolutivo revela un progreso desde que los vencedores mataban o se comían a los vencidos a la etapa en la que los hacían sus esclavos. La marcha de la humanidad es lenta y azarosa, pero el tradicionalismo y el espíritu conservador, en contraste con el ideario liberal, le ponen frenos y pesados lastres. Como hemos señalado, si todo se considera inamovible y no susceptible de modificación, si hay que conservar todo, no hubiéramos pasado de la era de la antropofagia.

La tradición conservadora nació después de la revolución inglesa de 1688. Los conservadores querían conservar los privilegios que les otorgara la corona, en oposición al clima de ideas refrendadas por John Locke.

En realidad el conservador es un movimiento político y

no intelectual. Su afán por conservar lo lleva a la negociación política en busca de alguna tercera vía ubicada entre los extremos, de modo que su postura es indefinida puesto que está determinada por lo que sucede en las alas.

Sin embargo, en general, la tendencia del conservador muestra una reverencia extrema a la autoridad mientras que el liberal siempre desconfía del poder. El conservador va en acecho de "estadistas" o de "filósofos-reyes" para usar la expresión de Platón, mientras que el liberal busca que el gobernante haga el menor daño posible "a la Popper". Al contrario del liberal, el conservador es aprensivo respecto de procesos culturales evolutivos y pretende mantener el *statu quo*. El conservador tiende a ser nacionalista y "proteccionista", mientras que el liberal alardea de ciudadano del mundo y librecambista.

El conservador pretende imponer la custodia de los valores del momento mientras que el liberal es respetuoso de los valores de otros aunque personalmente no los comparta (a menos que se trate de lesionar los derechos del prójimo). Al conservador no le resulta relevante que se amplíe la esfera del poder siempre que apoye sus demandas, mientras que el liberal clásico hace de los límites al poder, su *leitmotiv*. El conservador es tradicionalista mientras que el liberal es respetuoso de las tradiciones. El conservador desconfía del mercado, mientras que el liberal alienta los arreglos contractuales libres y voluntarios como un procedimiento eficaz para conocer y responder a los deseos de la gente. El conservador acepta la alianza entre el poder y la iglesia mientras que el liberal la considera nociva incluso para la propia religión.

Hay también conservadores que mantienen esa expresión debido a una larga trayectoria de haber estado instalados en esa corriente, pero, después de desembarazarse de concepciones anteriores, redefinen al conservador —muy *sui generis* por cierto— como aquel que pretende la conservación de los principios liberales. Esta mezcla de pirueta semántica y trasvasamiento conceptual permite correr el eje sin moverse y sin abdicar de la etiqueta, lo cual, al fin y al cabo, es comprensible para un conservador.

El nombre de "liberal" es muy posterior al desarrollo de las ideas contenidas bajo esa etiqueta. Adam Smith usó la expresión aparentemente sin percatarse del bautismo *de facto* y casi accidental, el que fue oficialmente establecido mucho más adelante, con motivo de las Cortes de Cádiz. Este retraso entre las ideas y la respectiva denominación dio pie para equívocos de muy diversa índole. Tan es así que en el lugar de la tierra en donde más tuvo vigencia esta tradición de pensamiento —los Estados Unidos— la expresión, paradójicamente, quiere decir lo contrario de su acepción original.

Dicho sea como una nota al pie, en el contexto de lo que estamos comentando, es interesante vincular la referida Constitución española de 1812 con la estadounidense en su versión original. En ninguno de los dos casos aparece una declaración de derechos y garantías porque se consideraba una falta de respeto al ciudadano la pretensión de detallar sus derechos por lo que los documentos constitucionales debían centrar su atención en los límites al poder (taxativamente expuestos en el caso de los 384 artículos de la de Cádiz, que Fernando VII abrogó ni bien reasumió sus funciones luego del interregno bonapartista).

Entonces, respecto de los mecanismos para contar con una justicia efectiva, no se trata solamente de pulir y mantener lo existente sino también de considerar otros posibles procedimientos que puedan lograr los objetivos de una mejor manera. Siempre tengamos presente las objeciones y las mofas de que era objeto Montesquieu (y tantos otros) con sus elucubraciones respecto de la división de poderes. En todas las circunstancias y momentos históricos ocurre lo mismo con respecto a las buenas ideas que se esbozan por vez primera, las que al decir de John Stuart Mill pasan siempre por tres etapas: la burla, la discusión y la adopción. Hannah

Arendt ha dicho con gran sabiduría que "aquellos que se adelantan a su tiempo reciben una amarga retribución, es como si la historia fuera una pista de carrera en la que algunos contendientes corren tan rápido que simplemente desaparecen de la vista de los espectadores". En la misma dirección de estos pensamientos, Ortega apunta que "La opinión pública es siempre retrasada, la filosófica es siempre prematura".

Por cierto que para poder avanzar en el conocimiento y para recibir alimento siempre fresco, especialmente en cuanto a la auditoría del poder y, en última instancia, como hemos apuntado, para que la fuerza sea excluida del uso ofensivo y que institucionalmente se recurra a ella solamente con carácter defensivo, para ello decimos, las tareas intelectuales deben estar completamente separadas de la órbita del poder. El intelectual que se alista en las filas del poder abandona su rol para convertirse en cómplice de las más variadas componendas políticas. Deja de trabajar en la crítica independiente, en el contexto de un clima abierto en el debate de ideas, para correr el eje del debate hacia posiciones mejores (o peores según sean sus propuestas).

Y aquí viene un punto medular: subrayamos que los conocimientos se podrán mejorar en la medida en que exista plena libertad para discutir ideas, situación en la que teorías rivales puedan competir ejerciendo recípro-

camente la crítica para confirmar corroboraciones provisorias o para las refutaciones del caso. Ahora bien,
Karl R. Popper ha señalado los problemas que suscita
aquello que bautizó como *la paradoja de la tolerancia*
que debe ser considerada con sumo cuidado y desde los
más diversos ángulos. Dice Popper que "La tolerancia
ilimitada conduce a la desaparición de la tolerancia".

El tema es sumamente delicado puesto que estamos diciendo que se necesita un amplio debate abierto de
ideas. Que nadie se sienta restringido a exponer sus
puntos de vista. Tengamos en cuenta que más de una
vez las ideas que *prima facie* aparecieron como alocadas finalmente demostraron tener razón. Sin embargo,
hay quienes coinciden en que aquellas ideas que estri-
ban en que nadie exponga las suyas salvo que coincidan
con las del poder, no deben ser toleradas, precisamente,
en nombre de la tolerancia. Quienes sustentan semejantes ideas no parece que puedan ser tolerados en nombre
de la tolerancia. Es lo mismo que alguien se presente a
participar en determinado juego y después de que se le
explican las reglas del mismo declara que su idea es hacer trampa y pide que se sea tolerante con ese comportamiento. De más está decir que un jugador de esa es-
tirpe debe ser descalificado del juego, de lo contrario el
juego mismo carece de sentido. De la misma manera,
supongamos que alguien inquiere acerca de los valores
de una sociedad abierta y es consecuentemente anoti-

ciado del valor central de la tolerancia. Supongamos que nuestro interlocutor dice que sus ideas consisten en acallar todas las demás. ¿Tiene sentido aceptar esto en nombre de la tolerancia o es que esta aceptación más bien decreta la extinción de ese valor supremo?

Puestas así las cosas diríamos que en nuestro sistema actual las mayorías y primeras minorías establecerán las normas por las que se proscriben determinadas actitudes. Por ejemplo, el asesinato, la violación y el robo. Esto está bien y existe en todas las sociedades civilizadas, pero ¿cómo sería la situación de una agrupación que pretende competir por el electorado en base a una plataforma que contiene lo que hasta el momento son considerados crímenes? Por ejemplo, el partido nazi o el partido comunista para referirnos a situaciones extremas.

Francamente creo que a pesar de la aversión que tengo por esas posiciones veo una primera dificultad mayúscula (en definitiva ambas posturas extremas son la misma ya que, dejando de lado la flagrante lesión a los derechos de las personas en general, el nazi-fascismo significa que la propiedad existe *de jure* mientras que *de facto* controla y maneja el gobierno y en el régimen comunista el gobierno controla *de facto* y *de jure*). Aquella dificultad a que me refiero consiste en la arbitrariedad de cargar las tintas contra esos totalitarismos y eximir a otros movimientos que comparten esas posturas pero con otros nombres y denominaciones, para no decir nada de aquellos que presentan diversas variantes totalitarias entremezcladas en sus programas políticos.

En definitiva el enorme peligro que veo en la propuesta de no tolerar a los intolerantes es que se corre el serio riesgo de terminar en una insostenible caza de brujas. Veo el problema, pero al mismo tiempo no veo otro modo de corregir las cosas que a través de la persuasión y el debate abierto de ideas.

El peligro de la caza de brujas se hace exponencial cuando se pasa de los movimientos políticos a las filosofías (antes de que se traduzcan en la arena política, las cuales se dirigen a la ejecución de sus preceptos intolerantes). Esto es de la mayor gravedad y, de hecho, haría sucumbir la idea misma de la tolerancia. Popper dice en el mismo contexto de su paradoja que "En esta formulación no estoy implicando que, por ejemplo, debamos siempre eliminar la expresión de las filosofías intolerantes, mientras podamos hacerles el contrapunto a través del argumento racional y mantenerlos controlados por la opinión pública, en este caso la eliminación sería muy desafortunada. Pero deberíamos demandar *el derecho* de suprimirlos, si es necesario incluso por medio de la fuerza; porque puede fácilmente resultar que no estén preparados para enfrentarse con nosotros en el nivel del argumento racional, pero que se nieguen a todo argumento, pueden prohibir a sus seguidores que oigan argumentos racionales por engañosos y enseñarles a contestar argumentos con los puños y las pistolas. Por tanto, deberíamos demandar, en nombre de la tolerancia, el derecho a no tolerar al intolerante. Deberíamos demandar que cualquier movimiento que predique la intolerancia esté fuera de la ley y deberíamos considerar el incitar a la intolerancia y la persecución como criminal, de la misma manera en que deberíamos considerar el incitar al asesinato, al secuestro o la vuelta a la esclavitud como criminales".

Decimos que el peligro aquí es mayor porque ataca la raíz y el origen de los posibles debates, cual es la supresión de las ideas consideradas nocivas. Debemos comprender que el derecho a debatir ideas incluye la posibilidad de no debatir. El razonamiento popperiano que transcribimos adolece a nuestro juicio del grave peligro que dejamos consignado, concretamente cuando hace referencia a "las filosofías intolerantes". Sabemos que la intención de Popper no es eliminar el debate, muy por el contrario, lo preconiza a los cuatro vientos. En la obra en la que se recopilan algunos de sus ensayos con un título en el que se subraya el problema del marco común, apunta algo que es de la mayor trascendencia: "Sostengo que la ortodoxia es la muerte del conocimiento, pues el aumento del conocimiento depende por entero de la existencia del desacuerdo". La ortodoxia sólo cabe en las religiones, agregamos nosotros. Fuera de ese campo es impropio recurrir a esa expresión que denota la absurda pretensión de poseer la verdad y la más tozuda renuencia al debate abierto. No se trata de adoptar la contradictoria postura del escéptico que sostiene que al hombre le está vedada la verdad, lo cual, curiosamente, afirma como verdad. Se trata de estar abierto a posibles refutaciones, precisamente para incorporar conocimientos en el lidiar afanoso por reducir nuestra inmensa y agobiante ignorancia.

Sin embargo, consideramos poco felices aquellas reflexiones popperianas sobre los enemigos de la sociedad abierta en relación a su *paradoja de la tolerancia*. Puestas a rodar, aunque muy lejos de la intención de quien advirtió acerca de esta paradoja, pueden incluso terminar prohibiendo lecturas tales como algunas de Platón, al fin y al cabo su ideal de estado estriba en aquel en que "se tiene en común a las mujeres, los chicos y la propiedad [...]. Debe hacerse todo lo posible por erradicar de nuestras vidas en todas partes aquello que es privado e individual". ¿Dónde se trazan las líneas en esta arena movediza que se encaja en el seno de una sociedad libre, líneas que acaso no terminarán asfixiando a lo mismo que se desea preservar? Lamentablemente, en esta instancia de la evolución cultural, no hay más remedio que asumir los riesgos por más que autores como Sidney Hook y Salvador de Madariaga tilden estas reflexiones como fatalmente ingenuas (John Rawls circunscribe sus consejos a la defensa contra los intolerantes en materia religiosa).

Como un comentario al margen agrego que la propia expresión *tolerancia* no acaba de conformarme. Se trata de una extrapolación ilegítima del campo de la religión al del derecho. Aquí no cabe la absolutización ni la inusitada arrogancia que conlleva ese término: los derechos no se toleran, se respetan.

El socialdemócrata mantiene que es liberal en lo político pero no en lo económico. Es equivalente a sostener que se debe ser libre para elegir al gobernante pero no para dirigir los propios destinos y el manejo del fruto del propio trabajo.

En realidad además hay aquí, colateralmente, un malentendido respecto de la economía asimilándola a lo exclusivamente crematístico, sin contemplar que economización es sinónimo de selección y preferencia entre diversos medios para la consecución de específicos fines, lo cual vincula a la economía con la acción humana en todas sus manifestaciones. Es cierto que todas las áreas de las ciencias sociales se vinculan con la acción humana, pero desde distintos puntos de vista. Por ejemplo, la historia describe la elección de ciertos medios y ciertas metas por parte de específicas personas en específicos períodos de tiempo y las consecuencias queridas y no queridas que puedan detectarse de tales conductas. La psicología pretende explicar por qué determinadas personas eligen algunos medios y seleccionan ciertos fines. La ética a su vez intenta decir cuáles deberían ser los medios y cuáles los fines. Sin embargo, la economía nos dice cuáles son los ingredientes que inexorablemente están presentes en toda acción, independientemente de cuáles sean los propósitos, crematísticos o no.

El circunscribir la economía a lo material estuvo presente en los prolegómenos de esta ciencia pero a partir sobre todo de las contribuciones de la Escuela Austríaca iniciadas en 1870 (con la teoría de la utilidad marginal) se hizo posible la incorporación de nuevas aplicaciones que ampliaron enormemente su campo de influencia, mostrando que resulta palmariamente arbitrario el escindir la acción en lo material y lo no-material cuando los mismos ingredientes están presentes en toda acción.

Retomemos aquello de ser liberal en lo político pero no "en lo económico" (en el sentido vulgar de esta última expresión). El dicho en cuestión se traduce en que se puede ser respetuoso con el continente pero no con el contenido. Es como si se dijera que se deben resguardar las instituciones que apuntan a la protección de derechos, pero, paradójicamente, a la hora de ejercerlos se los lesiona. En esta línea de razonamiento, no se permite que las personas realicen arreglos contractuales, es decir, que transfieran derechos de propiedad libremente. Esto, sin duda, inflige un daño grave a las propias instituciones que se dice se quieren proteger ya que se pervierte (e invierte) su razón de ser. Por el contrario, algunos dictadores de muy diversos lares han pretendido salvaguardar el contenido haciendo caso omiso del continente. En este caso, se pretende respetar acuerdos contractuales en el mercado sin que existan adecuadas instituciones que garanticen con independencia y rigor aquellos acuerdos. Aquí también hay una flagrante contradicción.

En resumen, la libertad es indivisible y no es susceptible de cortarse en tajos. Esto no es una fórmula declamatoria y vacía de contenido, alude a un aspecto muy central para la preservación de los derechos individuales. Si se pretende mantener el contenido sin prestar atención al continente, se está de hecho destruyendo el contenido ya que no habrá modo de resguardarlo, incluyendo en primer término la propia preservación física y la libre expresión del pensamiento. Si, en cambio, se pretende preservar el continente dándole la espalda al contenido, necesariamente se estará desnaturalizando y degradando el mismísimo continente.

En este sentido, continente y contenido —lo político y lo económico para recurrir al lenguaje muy impreci-

257

so y ambiguo que es de uso común— resultan insepa-
rables, no es posible abandonar una de las partes del bi-
nomio sin hacer lo propio con la otra. Y debe tenerse
muy en cuenta que, como queda dicho, en esta etapa de
la evolución cultural, con todos sus defectos y riesgos,
por el momento el proceso electoral clásico constituye
la auditoría más confiable para evitar concentraciones y
usurpaciones del poder.

La socialdemocracia se difundió principalmente a partir del Programa Gotha de Lasalle. El revisionista
Bernstein rescata el aspecto no-revolucionario de Marx
(aunque pasar de las bombas a los votos es indudablemente un paso adelante, en última instancia era un autoritario epistemológico ya que reconocía como válidas
las fuertes evidencias empíricas que descalificaban a
Marx en sus predicciones, pero, en lugar de modificar
la teoría, la reivindicaba). También Gramsci, encami-
nando su atención a lo cultural, rescató este aspecto de
la conocida (pero poco leída) obra de los tres tomos. En
cambio, Lenin y —hasta cierto punto— Rosa Luxem-
burg tomaron los aspectos revolucionarios del manifiesto escrito con Engels.

Tal vez convenga mencionar al paso que cabe conjeturar que la antes mencionada teoría marginalista de
1870, hizo que Marx interrumpiera sus escritos ya que
echaba por tierra su teoría del valor-trabajo sobre la

que basó su teoría de la explotación que, como es sabido, constituye uno de los pilares de la tesis marxista (según Engels, Marx tenía redactados los tomos segundo y tercero de su obra cumbre antes de la publicación del primero en 1867, tomos aquellos dos que no se publicaron en vida de Marx).

Luego fue la Sociedad Fabiana la encargada de difundir el ideario de esta avenida central de las izquierdas a través de la fundación de una de las más prestigiosas casas de estudio que finalmente tuvo fuerte representación de otras corrientes de pensamiento (esto se debe en gran medida a la honestidad intelectual del matrimonio Webb que inspiró la entidad: pensaron que se podían reclutar las mejores mentes de cualquier tendencia que fuera, en la seguridad de que científicamente serían convertidos al socialismo).

Me refiero por supuesto a la London School of Economics and Political Science. También la Sociedad Fabiana contribuyó decisivamente a la fundación del Partido Laborista inglés. Su estrategia era la paciencia, la acción demorada (por eso es que su emblema es una tortuga) y la penetración de ideas en las filas contrarias (por eso es que el nombre deriva de Fabio "el conquistador" que venció a Aníbal en las guerras Púnicas con esas estrategias).

Pero hay que decir algo más sobre las izquierdas. En la Asamblea Constituyente del 93 de la Revolución Francesa, aquellos que se ubicaron a la izquierda del rey se los bautizó como izquierdistas. Eran los contestatarios, los que se oponían al *establishment*, por entonces encarnado en la monarquía absoluta. Una vertiente de esa izquierda se transformó en jacobinismo y en el régimen del terror. Vertiente ésta que, con el tiempo, desembocó en los Gulag y el stalinismo. La otra vertiente quedó frustrada por la contra-revolución francesa y aunque impregnada de racionalismo no se proponía explícitamente el diseño de la sociedad sino la protección de los derechos del hombre. Esta última tradición, hasta nuestros días, pone de manifiesto lo que hemos denominado un doble discurso *de facto*, esto es, no una posición hipócrita sino de *bona fide* que apunta al respeto de las autonomías individuales, pero, sin embargo, proponen recetas que afectan gravemente derechos a través de reclamar que el aparato de la fuerza conculque la propiedad ajena. Por otro lado, estas izquierdas identifican las oligarquías reinantes con la tradición liberal, con lo que también equivocan el blanco.

Y bien, después de este discurso en el que se puso de manifiesto tanta hipocresía —William Hazlitt decía que "es el único vicio que no se puede perdonar"— parecería que resulta difícil remover tanta lacra. Parecería que resulta difícil eliminar la justicia politizada. Es cierto, será difícil pero muy lejos de ser imposible si existe el diagnóstico correcto y, sobre todo, la decisión de corregir el rumbo en muchos aspectos de la vida de relación, muy especialmente la vinculada con el poder. Se necesita nada más y nada menos que entender los grandiosos beneficios de la libertad, un concepto tan manoseado y a la vez tan poco comprendido. Allí se encuentra el secreto de que se establezca la *condición necesaria* del respeto recíproco y la exteriorización de los incentivos más potentes para el progreso de todos.

Y tengamos en cuenta que no hay mejor práctica que la que se basa en una buena teoría. Sostener que debe abandonarse la teoría por impráctica es en sí misma una mala teoría. Mantener que una cosa es buena en la teoría pero en la práctica no sirve pone de relieve que no se sabe que la teoría apunta a interpretar la realidad, en el sentido antes expresado de nexos causales subyacentes y no simplemente lo que ocurre cualquiera sea la ocurrencia del momento. De este modo, si la teoría interpreta la realidad es buena y debe adoptarse, si no la interpreta es mala y debe abandonarse y sustituirse por otra.

Para completar el cuadro permitiendo que tenga lugar *también la condición suficiente* debemos ponernos la escafandra y bucear en nuestro interior, agudizando la autocrítica y así tratar de agrandarnos como seres humanos apuntando siempre a ser mejores mañana con respecto a la víspera. Rilke nos dice que "Hay sólo un único medio. Entre en usted". No es tarea sencilla. Requiere concentración y paz interior, mientras fluye la misteriosa e inexorable cuarta dimensión que torna el pasado irreversible, el futuro inescrutable y el presente se esfuma al paso de cada instante. Jacques Barzun sostiene que una de las vallas para el autoperfeccionamiento puede ilustrarse con sólo mirar los *syllabi* de las universidades en las que el "departamento de humanidades" muchas veces aparece desgajado y amputado del resto en lugar de estar integrado con las otras disciplinas, como si éstas no requirieran formación humana (lo cual, claro está, no quita la especialización en este campo).

Nuevamente: la condición necesaria para el mejoramiento —el *sine qua non*— es el respeto recíproco que se pone de manifiesto a través del marco que establece la sociedad abierta o el liberalismo, a lo que se debe agregar la condición suficiente, esto es, el autoperfeccionamiento. En este último sentido recordemos que el paradigma socrático nos enseña que el apartarse de la virtud es en definitiva también una cuestión de ignorancia, puesto que revela desconocimiento o conocimiento insuficiente respecto de las ventajas o bondades que reporta la conducta virtuosa. Y esta conducta (la condición suficiente) sólo tiene sentido en un clima de libertad (la condición necesaria) puesto que la acción que se realiza a punta de pistola no puede juzgarse desde un prisma moral.

El respeto al prójimo no es el fin del ser humano, es su punto de partida. Eduardo Mallea, cuando alude a "los enemigos del alma", escribe que "Sólo el hombre decidido a no quebrarse por dentro, a seguir siendo hombre, o sea dueño total de sus grandes reservas de esperanza, voluntad y poesía, resistirá a las quiebras que un mundo aniquilante y ensombrecido le prepara". Mirar con atención nuestro jardín interior constituye una buena receta para ser mejor como persona: liquidar las malezas que perturban el crecimiento y obstruyen la luz, podar, recortar, fertilizar y apuntalar. Los residuos atávicos, las actitudes selváticas y las potencias zoológicas deben domarse. La incorporación de conocimientos para ensanchar el alma y la búsqueda permanente de la excelencia deben estimularse y, asimismo, distinguir la adecuada jerarquía entre los medios de vida y el fin, entre el sustento del cuerpo y el progreso como persona, para lo cual deben cultivarse las actividades centrípetas y el espacio privado alejados del bullicio machacón de las multitudes. Ser fiel a uno mismo. Nadar contra la corriente todas las veces que sea necesario. En este último sentido resulta oportuno recordar el consejo de mi antiguo maestro Leonard E. Read quien subrayaba *the courage to stand alone*.

Y cuán necesario resulta el saberse manejar en la acogedora soledad de la biblioteca para afinar un poco el pensamiento, bien lejos de los remolinos sociales que succionan con implacable entusiasmo hacia un peligroso páramo intelectual. Esto en modo alguno sugiere que sea conveniente abandonar cosas tales como el deporte o el sentido del humor (especialmente la capacidad de reírse de uno mismo) sino que se nos ocurre una medida profiláctica el escabullirse del ritual que se compone de reiterados ademanes que fingen conversaciones pero que encajan un ensordecedor tartamudeo que afecta los tímpanos y entumece el seso. Me siento identificado con Fernando Savater cuando escribe en uno de sus libros lo siguiente: "Detesto tanto ese bostezante tormento llamado *vida social* que no me extrañaría que si, tras mi existencia pecaminosa, en lugar de ir al infierno me condenasen a un cóctel".

En la introducción y a través de los diez casos que sometí a la consideración de ustedes he querido ilustrar distintos tipos de doble discurso por parte de las oligarquías reinantes, las que, lamentablemente, muchas veces se enmascaran tras el rótulo del liberalismo y es por eso —por la vil explotación que producen las políticas ocultas bajo esa etiqueta que responde a una filosofía noble— que el liberal muchas veces no cuenta con buena prensa. Por eso es que antes de adherir o condenar al liberalismo es menester que se comprenda de qué se trata. A través de los distintos ejemplos y discusiones que presenté tal vez haya contribuido en algo a precisar el significado del liberalismo y de su divorcio de un *statu quo* teñido de rasgos autoritarios que desde luego no tiene grado de parentesco alguno con aquella tradición de pensamiento.

Recientemente apareció sin previo aviso ni explicación la moda de anteponer un curioso prefijo al liberalismo. Este bautismo clandestino fue ejecutado por los detractores de esta última corriente de pensamiento. En el mundo de hoy, ningún intelectual serio se autoproclama "neoliberal" ya que si el liberalismo es el respeto al prójimo, aquel invento sería algo tan insensato como el "neo-respeto".

Hace unos años participé en un seminario organizado por Peter Berger y Barry Levine en la Universidad de Boston. Los trabajos presentados se publicaron en forma de libro bajo el título de *El desafío neoliberal*. Muchos de los autores protestamos airadamente por semejante título y se nos explicó que como el libro se editó en Bogotá, había que distinguirse del llamado Partido Liberal de ese país. Un *lapsus* de los editores colombianos. De todos modos, no deja de ser llamativa la cantidad enorme de documentos de diversa naturaleza plagados de consejos sobre qué hacer en el "post-neoliberalismo de esta época" como si pudiera haber un *post* sin un comienzo, y no deja de producir sorpresa el peculiar hecho de constatar que las recetas que se ofrecen "para rectificar la situación" no son más que la reiteración de las políticas estatistas que han conducido a la pobreza y al desorden.

En esta situación el *statu quo* oprime y tritura muchas vidas debido a una insoportable y reiterada operación tenaza donde, por turno, el poder político teje tenebrosas alianzas una por una con cada corporación que actúa con una voracidad aterradora para esquilmar más eficazmente a sus presas. Esta situación decimos, sólo puede revertirse a través de un largo y paciente andar alimentado exclusivamente de argumentación persuasiva. Mao Tse Tung —aunque dista mucho de ser mi autor favorito— ha dicho con razón que la marcha más larga comienza con el primer paso.

En nuestro caso la marcha apunta hacia el respeto irrestricto a las autonomías individuales, un andar que no tiene término puesto que ni bien se detiene o aminora el paso invade, corroe y degrada la estridente prepotencia siempre al acecho para expropiar las libertades de las personas, al tiempo que proyecta una sórdida y asfixiante sombra sobre lo más delicado del proceso del conocimiento.

Es muy recomendable y necesario el esfuerzo con la intención de aclararnos y aclarar lo que está en nuestro radio, por más reducido que éste sea. Ya escribí antes que sería trágico decir con el poeta "Me acusa el corazón de negligente/por haberme dormido la conciencia/y engañarme a mí mismo y a la gente/por sentir la avalancha de inclemencia/y no dar voz de alarma claramente."

Y cuando usemos nuestros escasísimos conocimientos para poner un grano de arena en la esperanza de que se comprenda mejor el significado y la enorme trascendencia del respeto irrestricto a los proyectos de vida de cada persona, no caigamos en la trampa de presentar medidas que coarten libertades desde otros ángulos. Digo esto porque siempre aparecen los rezagados —autotitulados "prácticos"— que como no quieren afrontar el debate prefieren la componenda fácil bajando escalones para ubicarse en aquello que en esa etapa la mayoría comprendió merced al trabajo intelectual que otros realizaron en otros tiempos, trabajos que al momento ya pusieron al descubierto nuevas oportunidades para la gente pero que los timoratos no se atreven a exponer. Sowell condensa este escollo con envidiable elegancia: *The opposite of power is not power for opposite purposes, it is freedom.*

Señoras y señores, termino este discurso sobre el doble discurso con un adagio latino que cita Thomas Jefferson en una carta dirigida a James Madison, fechada en París, el 30 de enero de 1787, en el contexto de sus cavilaciones sobre la conveniencia o no de que se institucionalice el monopolio de la fuerza y, de hacerlo, la conveniencia de que le hagan frente rebeliones recurrentes (en el sentido explicado en este discurso) como una medida "buena y necesaria en el mundo político, tal como lo son las tormentas en el físico". El adagio en cuestión reza así: *Malo periculosam libertatem quam quietam servitutem* (mejor una libertad peligrosa que una quietud servil). Muchas gracias.